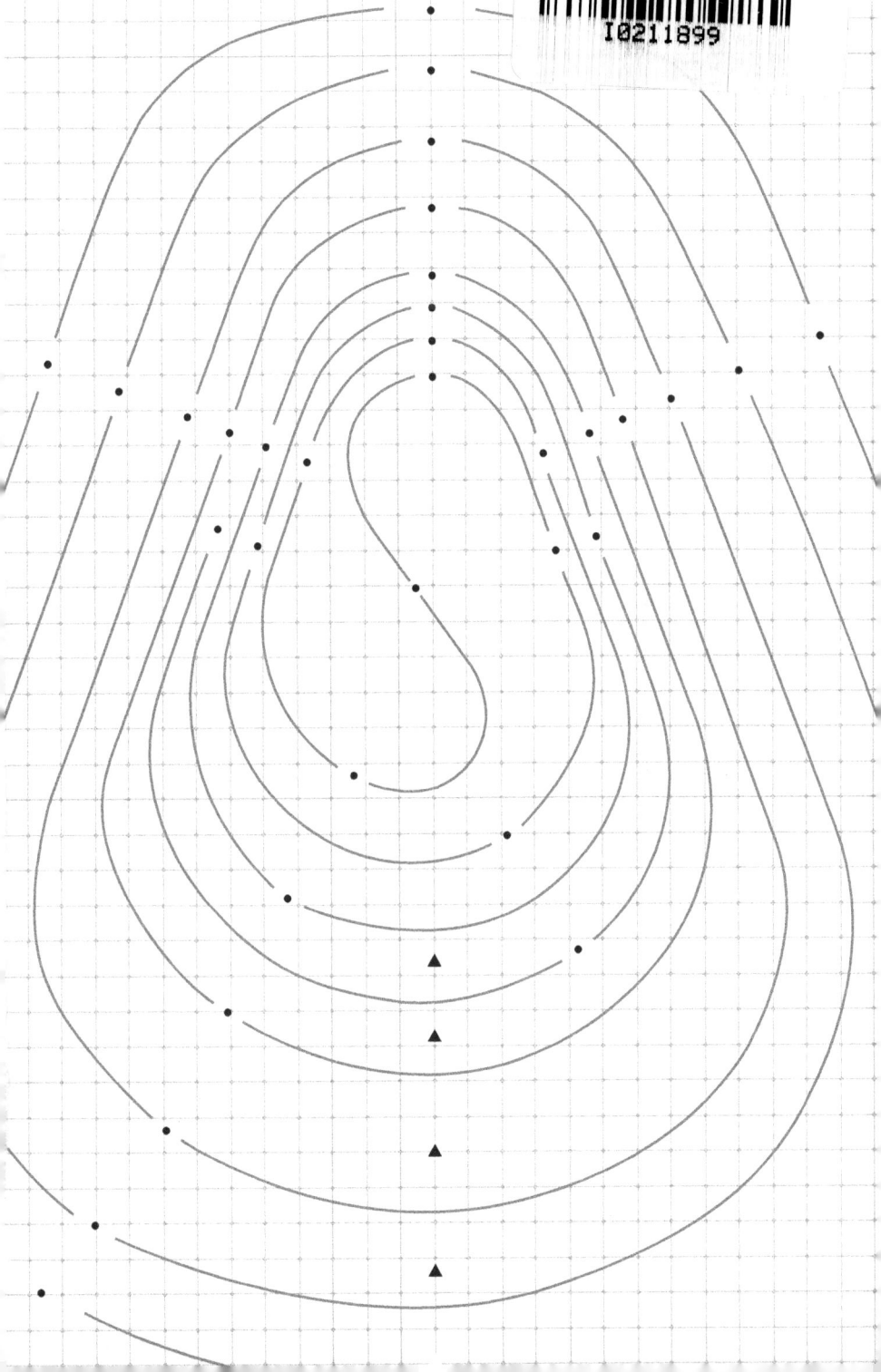

JUAN LUIS LANDAETA

ROCA TARPEYA

TRANSLATION BY
ADALBER SALAS HERNÁNDEZ

FOREWORD BY
ELISA DÍAZ CASTELO

'Alliteration

ROCA TARPEYA| JUAN LUIS LANDAETA
Translated from the Spanish by Adalber Salas Hernández
First edition in English in May 2024

© Juan Luis Landaeta
© Foreword by Elisa Díaz Castelo
© Alliteratïon Publishing, 2024

www.thealliteration.us

Design by Elena Roosen
Cover by Andrea Martínez
Proofreading by Tess Rankin & Félix García
Editorial Coordination by Amayra Velón

El autor agradece a
Mariana Bernardez S.
sus valiosos comentarios al manuscrito.

ISBN: 979-8-9896241-5-7

A MAP FOR LOSS

In the lyrics of tango, a music genre that I always enjoy listeting to, I have always been impressed by the use of precise geographical markers: names of streets, neighborhoods, houses. Tango outlines in words an imaginary map of Buenos Aires. Its lyrics trace a second shadow city in the air, magnetized by the gravity of melancholy, since the places mentioned are linked to lost loves and a youth so distant that it collides with the legendary. I have given careful thought to this geographic vocation in tango in the context of migration: many of the famous lyricists of this genre were children of emigrants. Perhaps, growing up so close to the acute sensation of having lost a country forever, they could not relate to their new city in a different way, they approached it as if it had always already been lost. To inhabit it, it seems they needed to summon a map made of sound.

Roca Tarpeya immediately brought to mind this characteristic of tango lyrics. Throughout its pages, Juan Luis Landaeta also carries out a kind of mapping, an alternate, discontinuous one, sometimes disjointed, of a city, Caracas, and a country, Venezuela. This book, like tango lyrics, is a map of sound.

Although the poems included in this volume are full of specific geographical references, these tend to be altered until they achieve a rarefied nature that does not allow us to fully cling to them. Throughout the book Landaeta seems to ask himself how

3

it is possible to narrate a violence that does not correspond to the categories we have historically created to describe it: wars, battles, revolutions. Despite the difficulty that this poses, it becomes necessary to tell it somehow, to integrate it into the symbolic. How can this be done? Landaeta builds a parallel, distorted universe that revolves around a hostile and monumental loss, but without describing it directly — instead he articulates it periphrastically, using a kind of left-handed logic.

His small hybrid texts, which undermine the limits between poetry and fiction, possess the insomniac power of the mythical. They function like short, incomplete fables. Incomplete insofar as they lack a moral lesson, insofar as they resist having any edifying quality. Perhaps because the world they describe lacks sufficient stability to have a determined ethical structure; perhaps because what has happened in that place has called into question what we usually consider ethical.

Roca Tarpeya is a book whose amazing lyrical power manages to fuse personal story and collective history, showcasing them through a distorted mirror. As its name indicates, the book orbits around the image of the Tarpeian Rock, that abrupt promontory by the Capitolium from which it was possible to see the Roman forum. In Caracas, the seventh hill of a mountain range in the southern part of the city was baptized with this name. During the 1950s, this hill was carved to build El Helicoide, an insanely large shopping center that was never finished, and that in subsequent years housed homeless people and became a center for drug trafficking and prostitution. During the 1980s, the building was used to house the Venezuelan intelligence services, and today it has become one of the most feared detention centers in Latin America. In its final expression, the Venezuelan Tarpeian Rock curiously coincided with the true origin of its namesake, which far from being an imprint of civilization (as is often thought with everything Greek and Roman), was an execution site where subjects considered undesirable by those in power were hurled to the ground.

The existence of this site, including its complex and significant history, is the axis of this book. What's more, the semantic instability of that space seems to set the tone for Landaeta's poems. The traditional linearity promised by their narrative structure is only betrayed over and over by the development of the text. The author revels in thwarting the reader's expectations and prefers, instead, to anchor the fragments in a series of disturbing and suggestive images.

These abrasive, ominous, and moving texts outline before our eyes the image of a place that has disappeared, even while it continues to exist. They seem to transcribe into words the symbolic chaos, the narrative disturbance, that a country leaves behind when it breaks.

Elisa Díaz Castelo

JUAN LUIS LANDAETA

ROCA TARPEYA

Thus the shock of defiance in front of the lumberjack,
and the fright, a thousand times greater,
produced by the chainsaw.
To cut down and kill something that cannot run.
MARGUERITE YOURCENAR, "Written in a Garden"

The coach that brought Lenin back – wasn't it the Trojan Horse?
Some time ago, in Kuntsevo, I suddenly crossed myself
in fronto of an oak. It is obvious: what stirs up prayer
is not fear, but ecstasy.
MARINA TSVIETÁIEVA, "Journals of the 1917 Revolution"

You search in Rome for Rome? O traveler!
In Rome itself, there is no room for Rome,
a corpse is all its churches put on show,
the Aventine is its own mound and tomb.
ROBERT LOWELL, "ROME", versión de "A Roma sepultada
en sus ruinas", de Francisco de Quevedo

Tell King Mithridatis this:
it's extremely rare to come across anyone like his ancestor's companion,
that noble companion who wrote in the earth with his lance
those timely words that saved him: "Escape, Mithridatis."
CONSTANTINO CAVAFIS, "Camino a Sinope",
versión de Edmund Keeley y Philip Sherrard

Toda verdad vigente está inconclusa.

Every prevailing truth is still unfinished.

Sorprende constatar que el césped no ha crecido más de unos pocos centímetros. Lo mismo ocurre con las hierbas enanas que se insertaron en el estado Falcón, para la cancha de polo de aquel famoso banquero. Si te agachas, puedes palpar partes de la figura que quedó por completarse. Parece un párrafo enorme sometido a censura, incluyendo tachas y omisiones. Es algo que se debe saber: todo incendio es una narración, el comienzo de una frase dolorosa, pura.

It is surprising to confirm that the grass hasn't grown but a few inches. The same happens with the dwarf weeds that were taken to Falcón State, transplanted into the polo ground of that famous banker. If you bend down, you can still touch parts of the figure that was left incomplete. It looks like an enormous paragraph cut down by censorship, including crossed-out passages and omissions. This is something that must be known: every fire is a narration, the beginning of a painful, pure sentence.

Yo *conocí a Socony, sumamente pálida. En ella consumí buena parte de mi juventud. Socony era callada como un cisne que, acabado de morir, aún presumiera de la forma de su cadáver esbelto. Le encantaba que le hablaran en tercera persona y que se bromeara sobre su ascendente lunar, la mancha que tenía en el cuello y su completa incapacidad para nombrar las especies animales. No supe más de ella, pero una noche nos subimos a una azotea y desde allí vimos la piedra. Le tomé las manos, sintiéndole las uñas sin pintura y luego le besé con miedo el cuello. Socony pegó un grito, pero no me detuvo. Era muy blanca, como ya dije, pero tenía la nariz y el pelo de una negra. No sé cómo explicarlo. Dicen que periódicamente ese grito resuena y despierta a algunos vecinos de la urbanización. Es leyenda. La urbanización se llama La Soledad y la calle es la número 5. Todos sabemos que en la soledad las cosas se pierden más rápido y adquieren un carácter ficticio.*

When I met Socony she was already pale. With her I consumed most of my youth. Socony was silent as a swan that, having just died, still bragged about its form, its slender carcass. She loved it when you talked to her in the third person, and all the jokes about her moon sign, the spot on her neck, and her utter inability to name any animal species. I knew nothing of her after a while, but one night we climbed a rooftop and from there we saw the stone. I took her hands, feeling the unpolished nails, and kissed her neck fearfully. Socony shrieked but didn't stop me. She was very white, as I said, but had the hair and the nose of Blackness. I don't know how to explain it. It's said that recurringly that cry wakes some residents of the neighborhood. But it's a lie. The area is called La Soledad and the street is called Number 5. We all know that in solitude things get lost faster and acquire a more fictitious quality.

Hablo de una ciénaga pastosa. Donde brotó, los alrededores eran oscuros. Estoy hablando de la oscuridad de un cerro cuando el sol se esconde. Para mí eso es la noche, una suma de montes oscuros que ya no alcanzo a ver, como dos piezas de carbón superpuestas. Negro sobre negro, en el recuerdo de mis manos.

I'm talking about a thick swamp. Where it sprung, everything around was dark. I'm talking about the darkness of a mountain when the sun sets and hides. To me that there is the night, a sum of darkened mountains that I cannot see anymore, like two super-posed pieces of coal. Black on black, the memory of my hands.

Llevé a mis hijos a conocer el sitio. *Hundían sus zapatos en las huellas de los osos y se seguían unos a otros, oliéndose el culo, como hacen los animales. Porque mis hijos y yo estuvimos allí antes que mucha gente, es que te pido que me escuches. La barbarie no genera violencia, eso es una mentira vil, como las atribuciones mortíferas del magma que nosotros vimos y luego fotografiamos tras el cerro. Ahora que lo pienso, fue en realidad una serie de apariciones. Encima de ese cerro hay una cruz enorme de lata, con puntos de faros que alumbran hacia la ciudad, por encima de los cuarteles y la carretera. Desde el carro se puede ver. Pero desde el camino interno del cerro, no. Buena parte del trayecto está cubierto por ramas de samanes. Como sabemos, el samán es el árbol de las grandes tramas venezolanas. Uno ve los samanes torcerse con el viento, pero resistir siempre. No hay deriva en el curso de los vientos que tumbe un samán. En cambio los pinos, con esa arrogancia que parece forjada por un creyón escolar, no aguantan el más mínimo embate. Mis hijos son así: un pino y un samán. El mayor es terco. Su robustez es idéntica a la terquedad. El menor, que lo es por poco, es quien motiva la detención que te suplico desde el inicio de estos garabatos. El menor es el que se estrelló con el monte.*

I took my children to see the site. They sank their shoes in the paw prints of bears, and followed each other sniffing their asses, like animals do. Because my children and I were there before so many others, I ask you to listen to me. Barbarism doesn't engender violence, that is a despicable lie, like the slanderous attribution of deadly effects to the magma we saw and photographed behind the hill. Now that I think about it, it actually was a series of hauntings. On top of that mountain there is a huge tin cross, with headlights on its every end that shine toward the city, above the barracks and the highway. You can see it from the car. But you can't see it from the hill pass. Most of the route is covered by samán branches. As we know, the samán is the tree of the great Venezuelan plots. You can see the samanes twist and turn in the wind, and they always resist. There is no wind that can knock down a samán. On the other hand, the pines, with that arrogance that seems drawn with school crayons, cannot withstand the slightest pounding. My sons are like that: one of them is a pine tree, and the other is a samán. The eldest is stubborn. The robustness in him is identical to his stubbornness. The youngest, who is not younger by much, is the one who motivates the arrest that I have been begging you for since the beginning of these scrawls. The youngest is the one that crashed against the mountain.

Apenas *llegamos a la planicie, ahora sí, a la luz de la cruz enorme que corona el perfil del cerro, fue él quien empezó a sudar en abundancia. No hablaba, pero me transmitió serenidad con la mirada. Ese niño, que es delgadísimo, empezó a temblar con una euforia muda. Se le cayó la mandíbula y se tiró de rodillas. Te digo que la grama no crece demasiado en la zona del evento. Con una destreza que jamás le conocí, extendió su dedo y empezó a recorrer la silueta. Movía los labios sin pronunciar palabra alguna. Sus ojos estaban muy abiertos y ni se inmutó cuando uno de los caballos soltó un bufido. Aquella especie de príncipe alado empezó a trazar eses con sus piernitas a mayor y mayor velocidad. Algo estaba entendiendo. Federico, el mayor, que luego se haría piloto de aviación, se abrazó a mi pierna y aunque no temblaba, se moría de miedo ante aquel espectáculo. Mis manos estaban en mi cintura, con los codos abiertos, formando con todo mi cuerpo una especie de diamante. Por encima de mis hombros comencé a sentir soplos macizos, como si el aliento de alguien que estuviera detrás de mí, jugara a repartirse en pedazos.*

As soon as we reached the plains, now I'll tell you, bathed by the light of the huge cross that crowns the side of the mountain, it was he who began to sweat copiously. He wouldn't speak, but his eyes conveyed serenity. That child, so very thin, began to tremble with mute euphoria. His jaw dropped and he fell on his knees. I tell you, listen: the grass doesn't grow too tall where this took place. With a dexterity I didn't know he had, he pointed with his finger and began to trace the silhouette. He moved his lips without saying a word. His eyes were wide open, and he didn't even flinch when one of the horses snorted. That sort of winged prince began to trace *s*'s with his little legs at a greater speed. He was grasping something. Federico, the eldest, who would later become an air force pilot, hugged my leg and, although he wasn't trembling, he was scared to death by that spectacle. My hands were on my waist, elbows open, forming a kind of diamond with my whole body. Above my shoulders I began to feel a heavy breathing, as if the breath of someone behind me was playing at cutting itself into pieces.

Esos son los muertos, dicen por ahí. Esos son los muertos, me sorprendí diciendo en voz más o menos alta, con Federico amarrado a mi pierna derecha. Repetí la frase una vez más, buscando convencerme o salvarme de algo, cuando vino Rómulo con las manos llenas. Dije que esos eran los muertos y él asintió. Traía unas piedritas o unos insectos. El niño, que no había pronunciado una sola palabra desde que llegamos, me dijo con sus ojos: estos son los muertos. Abrió sus palmas y dejó caer en mis botas el primer grupo de huesos. Me dio la espalda, salió corriendo y casi lo perdí de vista. Volvió. Ahora traía el segundo grupo de huesos diminutos, piezas de algo que no puedo describir como humano. Eran huesos, sin más. Me parecía imposible interrumpirlo. La verdad es que algo en mi pecho me impedía hablar. Todavía me cuesta articular todo lo que Federico y yo vimos aquella noche.

Those are dead men. That's what they say out there. Those are dead men, I found myself saying more or less loudly, Federico still tied to my right leg. I repeated the phrase one more time, trying to convince myself or to save myself from something, when Rómulo came back with his hands full. I said those were dead men, and he nodded. He brought pebbles or insects. The boy, who hadn't uttered a single word since we arrived, told me this with his eyes: these are dead men. He opened his palms and let go of the first handful of bones into my boots. He turned his back to me, ran off, and I almost lost sight of him. Then he came back. He now brought a second handful of tiny bones, pieces of something I can't describe as human. They were bones, just bones. It seemed impossible to interrupt him. The truth is something in my chest held me from speaking. It's still hard for me to articulate everything that Federico and I saw that night.

Calculo *que mi hijo menor hizo más de diez viajes, colmando la capacidad de sus pequeños brazos a cada tanto. Poco a poco estuvimos sitiados por colecciones de cráneos ínfimos, costillitas y tibias. Todos muy blancos. El niño confiaba en que, como los desiertos, los cementerios se podían mover. El transporte terminó poco antes de sentir el canto de los pájaros que predicen el amanecer. Le tomé las manos cuando parecía haber terminado la faena y comprobé que tenía las uñas largas y mugrientas, casi como garras. Se empezó a rascar los hombros con una velocidad que no tardó en abrirle paso a una herida. Al conseguirla, hundió uno de sus dedos en la piel rota. Me dijo lo siguiente con miradas. Los hijos nos hablan a través de la sangre y son nuestros ancestros quienes mejor los escuchan:*

> *Un ídolo es un fósforo.*
> *Un árbol en la cabeza de un niño.*
> *Un elegido que ata la asfixia*
> *al rincón donde las palabras*
> *tropiezan con el presente.*

I think that my youngest son made more than ten trips, filling his little arms to the very brim every single time. Little by little we found ourselves besieged by collections of minute skulls, little ribs and tibias. They were all so very white. The boy trusted that, like deserts, cemeteries could also be moved. The haulage finished shortly before the song of the birds that predict the dawn. I took his hands when his job seemed to have ended, and saw his nails were long and grimy, almost like claws. He began scratching at his shoulders with a speed that soon gave way to a wound. As soon as he found the wound, he sank one of his fingers into the torn skin. He told me this, with his gaze barely – children speak to us through our shared blood, and it is our ancestors who listen to them best:

An idol is a match.
A tree on a child's head.
A chosen one that ties up asphyxia
to the corner where the words
bump against the present.

La espiral es la forma de la vida y nadie lo puede dudar. En 1999 se descubrió la estructura del ADN, cuyo nombre desglosado es ácido desoxirribonucleico. La espiral da paso a la existencia, siempre y cuando operen las fuerzas de su tránsito de izquierda a derecha, como venciendo o anulando el curso del tiempo.

The spiral is the shape of life, and no one can harbor any doubt about it. In 1999, the structure of DNA was discovered – its name, once broken down, is deoxyribonucleic acid. The spiral gives way to existence, as long as the forces of its transit operate from left to right, as if defeating or annulling the course of time.

*La **prehistoria** no existe a excepción de los dinosaurios, las manzanas y el meteorito que cayó sentenciando todo a su paso. Es muy curioso el hecho. Digamos que la creación había avanzado hasta un punto tal en que ya algunas especies devoraban a otras fuera y dentro del mar. También se hablaba de las primeras plagas, tifones y la furia de Dios, mientras otros se masturbaban viendo a las moscas enormes merodear los mangos descompuestos donde empezarían las selvas. Todo eso existía y adivinaba su futura existencia, hasta que una piedra cayó del cielo. La consecuencia fue no solo una grandísima explosión sino una noche sostenida en los siete cielos que cubren los siete mares conocidos en ese y este entonces. No se volvieron a ver las estrellas que nadie sabía que existían. Una sola nube como una enorme costra de ceniza sustituyó el firmamento. El meteorito, del tamaño de una península, reinventó lo que trabajosamente habían labrado siglos y siglos de parásitos y oxidaciones varias. La piedra suprimió los hechos y volvimos a empezar. Una y otra vez. Hasta enterrarse en nuestra médula y nuestras rutas. Hasta hacernos tropezar con ella periódicamente. Un ánima que vuelve y nos seduce, convenciéndonos de ceder ante su aparición. Como una Virgen. Como un edificio. Como un círculo que se come a sí mismo, regurgitando otros círculos en su indigestión. Solo vemos sus espirales que se encuentran y acoplan entre ellas, como un nido de serpientes. Dice la leyenda que los dragones son serpientes que alcanzaron a morderse la cola. Pues la roca es así. Su evolución es constante, erguida y cíclica. Como las pirámides. Los zigurats. La Torre de Babel. La torre de David. O El Helicoide de Venezuela.*

Prehistory doesn't exist, save for dinosaurs, apples, and the meteorite that fell, sentencing everything in its path. It's a very curious fact. Let's say that creation had advanced to a point at which some species were already devouring other species inside and outside the sea. There was also talk of the first plagues, typhoons, and the fury of God – meanwhile, others jerked off watching the huge flies that prowled the rotting mangoes that would be the beginning of jungles. All of that existed and guessed at its future existence, until a rock fell from the sky. The consequence was not only a huge explosion, but a constant night in the seven skies that covered the seven known seas then and now. Stars no one knew existed were never seen again. A single cloud like a huge crust of ash replaced the firmament. The meteorite, the size of a peninsula, reinvented what centuries and centuries of parasites and various oxidations had painstakingly cultivated. The rock suppressed all facts, and we had to start again. Over and over again. Until it burrowed in our marrow and our routes. Until it made us trip over it periodically. A ghost that comes back and seduces us, convincing us to give in to its haunting. Like a Virgin. Like a building. Like a circle that eats itself, vomiting other circles in its indigestion. We only see the spirals that meet and mate with each other, like a nest of snakes. Legend has it that dragons are snakes that managed to bite their own tails. Well, the rock is like that. Its evolution is constant, erect, and cyclical. Like the pyramids. The ziggurats. The Tower of Babel. The Tower of David. Or El Helicoide in Venezuela.

De todas las mujeres que tuvo, Dolores Amelia fue la favorita del General Gómez. Le dio (n) hijos. Dolores Amelia vivió en la casa de Dolores de Amelia, contigua al Centro Comercial la Capilla, que para los efectos ya era una capilla antes de su construcción. Allí también quedaba la radio Color 99.5 FM y el primer consultorio odontológico con máquina láser de Maracay, donde mi mamá trabajaba de recepcionista, y donde vi por primera vez un disco compacto, encima de su escritorio. Gómez no alcanzó a dormir ni una noche en esa casa. Sus visitas eran diurnas.

Decía que el hombre que duerme con mujeres termina por hacer lo que ellas quieren. Decía que, si el matrimonio era tan bueno, por qué el Papa no se casaba. También dijo que este libro no tenía ningún sentido y, sin embargo, ahora yo digo: mírate las manos.

Of all the women in his life, Dolores Amelia was General Gómez's favorite. She gave him (n) number of children. Dolores Amelia lived in Dolores de Amelia's house, next to the La Capilla Shopping Center, which was, for all intents and purposes, already a chapel before it was built as a mall. The Color 99.5 FM radio station was also located there, and so was the first dental office with a laser machine in Maracay, where my mother worked as a receptionist, and where I saw a compact disc for the first time – it was on top of her desk. Gómez didn't sleep a single night in that house. He only visited during the day.

He used to say that a man who lays beside a women ends up doing what she wants. He used to say that if marriage was so good, then why didn't the Pope get married? He also used to say that this book didn't make a bit of sense – and yet I say to you now: *look at your hands.*

La confusión *se corrige siempre al despertar o cuando despertamos. De ese sueño retengo una voz y el aroma de algo que parecía espeso y provocaba su tacto. Era como el rostro de una mujer, de una muchacha, pero cambiaba muy rápido de ánimo, como si fueran varias. Quizás dos hermanas gemelas. Más adelante sus dientes perdían consistencia y de la nada estábamos hablando del hueco que dio paso a un manantial de aguas termales.* Soy Socony, *me dijo, e inmediatamente tomó mis manos y las llevó a sus tetas. Nos besamos y su saliva se tornó convulsa. Casi hervía. En la habitación el aire se hizo combustible.* Soy Socony y ella es Mene, *volvió a decirlo. Su hermana tenía la misma estatura y los ojos grises como una cantera de cemento. No recuerdo bien lo que* Mene *dijo a continuación o cómo lo dijo. Tampoco para qué.*

Confusion is always corrected upon awakening or when we get up. From that dream I still hold a voice, and the smell of something that seemed thick and incited touch. It was like the face of a woman, of a girl, but her mood changed quickly, as if she were several women. Perhaps two twin sisters. Later her teeth would lose consistency, and out of nowhere we were talking about the hole that gave way to a hot spring. *I'm Socony*, she said, and immediately took my hands and placed them on her breasts. We kissed and her saliva became convulsive. She almost boiled. In the room the air was suddenly combustible. *I am Socony and this is Mene*, she said it again. Her sister was the same height as her, and her eyes were gray as a cement quarry. I don't quite remember what Mene said next or how she said it. Or why she spoke.

Sorprendió advertirlo. Una zanja del tamaño de un país nos podría matar. Cosa que ya había dicho, junto al consejo de que arar en la mierda no puede criar al trigo. Es otra la fertilidad.

It was surprisig to notice it. We could be killed by a trench the size of a country. Something she had declared already, along with the advice that plowing shit can't raise wheat. Fertility is something else entirely.

Mene era nieta de algunos de los primeros pobladores que vieron la piedra. Tenía un diamante en el ombligo y me dijo que lo habían extraído de una región al noreste de mi país, que en realidad era mucho más suyo. Mene era apellido Welser y Mene fue el nombre de la primera mujer con la que estuve. Luego de sudar, todavía en la cama, me explicó que donde crecían esos diamantes también habitaba el tiburón nodriza o tiburón gata, uno de los pocos que se encuentran en las costas venezolanas. Abunda en las orillas, especialmente entre Cumaná y Margarita, donde se lo ve nadando inofensivo con sus bigotes. Mene nunca supo entender que ya yo había visto a ese animal. Lo hice en el Mesón de la Sardina, un galpón que mi papá hizo templo para las comidas familiares. Lo entiendo, porque vivíamos cerca de allí y todo tenía que ver con el mar o con el agua. El edificio donde vivíamos se llamaba La Fuente y estaba frente a una fuente seca, muerta de miedo y hambre, con hormigas y aire cobrizo en sus ductos. Más allá, un lugar de pasta llamado Pavarotti's y allá, al fondo, una discoteca llamada Cockroach, por el miedo a nombrarla Cucaracha. En el Mesón de la Sardina había una pecera perfectamente ilegal con animales marinos. La primera y única morena que vi en mi vida la vi allí. Con sus ojos estúpidos y su falsa capacidad de pegar corriente. En el piso, aunque parezca una mentira decirlo, había bloques de acrílico que extendían las dimensiones de la pecera. Ya sabrán que uno ponía sus botas sobre los tiburones porque era allí donde ellos vivían. Un día cambió la gerencia y se secaron las peceras. Nada se supo del destino de los animales. El dueño del comercio vecino compró la locación y hoy día es un enorme atelier que alquila fracs y ropa de etiqueta, aunque todos sabemos que ya no hay nada que celebrar. Pero es así. Mene me pidió que lamiera esa misma noche el cristal de su ombligo y lo confundiera en una sola faena con su clítoris. Le dije que eso era imposible. Ella sonrió con sus manos en mi nuca y me demostró por qué sus ancestros se hicieron dueños de tan vastos territorios, incluyendo sus aguas.

Mene was the granddaughter of some of the first settlers, the ones who saw the rock. She had a diamond in her navel, and she told me that it had been extracted from a region in the northeast of my country, a place that was much more hers, actually. Mene's last name was Welser, and Mene was the name of the first woman I lay with. After sweating, still in bed, she explained to me that those diamonds grew where the nurse shark or cat shark also lived – one of the few found by the Venezuelan coasts. The animal abounds near the shores, especially between Cumaná and Margarita, where it can be seen swimming harmlessly with its whiskers. Mene never knew how to deal with the fact that I had already seen the animal. I saw it at the Mesón de la Sardina, a shed that my father had built as a temple for our family meals. I get it, because we lived nearby, and every single thing there had to do with the sea or with water. The building where we lived was called La Fuente, and it faced a dry fountain, scared and hungry, ants and coppery air in its ducts. Beyond the building, a pasta place called Pavarotti's and then, at the far end of the street, a nightclub called Cockroach – they were too scared of naming it Cucaracha. At the Mesón de la Sardina there was a perfectly illegal fish tank filled with marine life. There I saw the first and only moray of my life. With its stupid eyes and its false ability to electrify. On the floor – and it really is hard to believe– someone had placed acrylic blocks that extended the dimensions of the fish tank. You will already know that we would put our boots on the sharks because that's where they lived. Until one day there was a change of management, and the fish tank dried up. The fate of the animals was unclear. The owner of a neighboring business bought the space, and today it has become a huge store that rents tuxedos and formal attire, although we all know that there is nothing to celebrate anymore. But it is what it is. That very night, Mene asked me to lick the diamond on her navel, to play with it as I would with her clitoris. I told her it was impossible. She smiled, put her hands on my neck, and showed me why her ancestors became owners of such vast territories, including the waters.

La onda *expansiva se sintió como si un animal suelto, extraviado, pateara las puertas de todos los cuartos de la ciudad, como si los apartamentos fueran corrales y a ellos llegara un tropel de ahogados, una tremenda amenaza, como una nube de avispas vista a pocos metros, o el paso desesperado de un hombre solo, maldito, dispuesto a todo, convencido de no tener estirpe ni morada. Un hijo del instante. Otro más con una muerte difusa sobre el mapa de un país que nadie considera.*

The shock wave felt as if a free, stray animal kicked in the doors of all the rooms in the city – as if the apartments were corrals, and a throng of drowning men reached at them, a terrible threat – a cloud of wasps seen barely a few steps away – or the desperate stride of a lonely, cursed man, willing to do anything, convinced he has neither lineage nor home. A child of that very instant. Just another man with a smudgy death on the map of a country that nobody notices.

Después de todas las batallas siempre llueve, y luego, entre el certamen de pegotes y huesos, nadie puede derrotar la claridad que traman las costillas al tercer día de los hechos. Los gusanos se tuercen o estiran hasta convertirse en letras y la cal de los esqueletos se extiende bajo los animales como si formaran un papiro.

It always rains after the battles – and then, amidst the contest of oozes and bones, nobody can overthrow the clarity plotted by the ribs on the third day of the events. The worms twist or stretch into letters, and the lime of the skeletons spreads under the animals, as if forming a sort of papyrus.

Hay *un hecho evidente y es que los miembros de la comunidad, todavía asistidos por la ley y amén de ella, provistos de instrumentos y productos de aseo personal, en cierto punto prefirieron dejarse crecer con abandono las uñas de las manos. Es probable que la costumbre se haya impuesto y difundido luego de que varios individuos intentaran grabar algún ápice de su desespero en alguna superficie lisa, la que fuera. Primero, el implicado acercaba la boca a la bandeja donde les habían traído la poquísima comida a la celda. Luego, procuraba esquinar cualquier migaja o resto, que sería debidamente lamida, sin lugar a desperdicio. Después frotaba la bandeja con lo que tuviera limpio de su franela, hasta lograr algún brillo. Lo hacían insistentemente, durante varios segundos, viendo a los lados, con pánico a ser descubiertos. Lo menos que querían los guardias es que alguien describiera algo de lo que se vivía dentro de la roca. Presta la bandeja, el detenido procedía, ahora sí, a reunir un hilo de aire con sus pulmones. En un ejercicio de contención, para no exhalar de un solo tiro (la palabra tiro estaba prohibida y así no lo estuviera, pocos en la comunidad sabían deletrearla), el escriba de la celda debía proceder a redactar las líneas con lo vivido. Era su deber preguntar a los otros por sus desdichas y por lo que los aquejara, porque esa era su historia y eran los párrafos de este libro. Reunidos en torno a la bandeja, como si fuera un oráculo, cada una de las veinte personas, se fue acercando a arrojar en el soplo común, el testimonio de su agonía. La humedad de sus bocas les permitió compartir algo de su experiencia, hasta que los ataques de tos que causaba la humedad, y los balbuceos propios de cualquier concertación, despertaron la sospecha de que alguien estaba escribiendo dentro de la roca, cosa estrictamente prohibida. Al final les allanaron la celda. A pesar del asco y la pestilencia, los guardias notaron que en ese espacio todos respiraban.* Todos respiran *dijo uno de ellos. Con esa evidencia sumaria, los hicieron culpables. Vinieron todavía más castigos, cuya duración es imposible calcular porque en el vientre de una roca no existen dos cosas: el aire y el tiempo.*

There is an obvious fact – the members of the community, still assisted by the law and in accordance with it, furnished with tools and personal hygiene products, at a certain point would rather let their fingernails grow neglectfully. It is likely that this custom was somehow imposed and became common after several individuals tried to record some iota of their despair on some smooth surface, no matter what it was. Firstly, the individual involved would put his mouth close to the tray on which his sparse ration of food had been brought to the cell. Then he would try to corner any crumb or leftover, which would be duly licked, leaving nothing to waste. Then he would rub the tray with the cleanest part of his clothes, until some shine was attained. It would be insistently done, for several seconds, looking to the sides, terrified of being discovered. The last thing the guards wanted was for someone to describe how it was to live inside the rock. Once the tray was ready, the detainee finally proceeded to gather a thread of air in his lungs. In an exercise of restraint, in order not to exhale in a single shot (the word *shot* was forbidden, and even if it weren't, few in that community knew how to spell it), the scribe of the cell then started to write the lines that would tell what they had experienced. It was his duty to ask the others about their misfortunes and what ailed them, because it was their story, those complaints were the paragraphs of this book. Congregated around the tray, as if it were an oracle, each of the twenty individuals approached in order to throw their part in the common breath, the testimony of their agony. The humidity of their mouths allowed them to share a mouthful of their experience – until the coughing fits caused by the humidity, and the babbling typical of any assembly, aroused in the guards the suspicion that someone was writing inside the rock, something that was strictly forbidden. In the end the cell was searched. Despite the stench and their disgust, the guards noticed that everyone in that meager space was breathing. *They all breathe*, said one of them. Armed with that summary evidence, all the inmates were found guilty. Still more punishments were to come, their duration is impossible to calculate, since in the belly of a rock there are two things that do not exist: air and time.

Para *los que sobrevivieron, visitar ese recuerdo es como lamer un codo gris o la rodilla de un elefante. Algo inexacto entre asco y pavor les impide entender los hechos, aunque los narren. Yo solo recuerdo sus caras pasmadas, con esas letras rarísimas que les tatuaban en los párpados.*

También alcancé a ver nódulos y supuraciones en las paredes de sus espaldas. Heridas que por mucho tiempo fueron símbolos de adoración en la ciudad, como los estigmas de un elegido imprevisto y ateo.

For the survivors, visiting that memory feels like licking a gray elbow or an elephant's knee. Something inexact, a sensation between revulsion and fear prevents them from understanding the facts, even if they tell them out loud. I only remember their astonished faces – along with those weird letters that were tattooed on their eyelids.

I also managed to see lumps and suppurations on the walls of their backs. Wounds that for a long time were the symbols of adoration in the city, like the stigmata of a chosen one – atheistic and unforeseen.

El puerto de Turiamo se llamó por mucho tiempo Ocumare y así lo descubrieron las monjas recoletas. Ellas cultivaban algodón y en esos pequeños prados, custodiados por muros de media altura, pude ver aquellas motas blancas crecer. Para mí habían sido siempre artificiales. Las primeras motas reales que pude ver estaban en las sienes de Carlos Gardel, el día de su visita a la ciudad de Maracay. Al parecer, el calor lo había afectado produciéndole un vahído y alguien acudió con varias motas bañadas en agua de colonia para asistirlo. Fueron dispuestas en sus sienes, como si se tratara de electrodos para un electroshock.

For a long time the port of Turiamo was known as Ocumare, and that is how the cloistered nuns discovered it. They grew cotton and in those brief meadows, guarded by chest-high walls, I could see the white specks grow. To my mind, they had always been artificial. The first real particles that I managed to see were on the temples of Carlos Gardel, the day he visited the city of Maracay. The heat had affected him, it seemed, making him feel dizzy – and someone came with several pale specks dipped in cologne to help him. They were carefully laid on his temples, like electrodes for an electroshock.

Solo podemos *ocultar lo que nuestro rostro es capaz de exponer. Las caras lo dicen todo desde siempre. Por eso el silencio es nuestro mejor recuerdo, el más primario. Quien calla, más que analizar, recuerda errores, estallidos, mentiras. Nuestro taller de máscaras de papel se hacía con pulpa reciclada. Las apoyábamos estando húmedas sobre los rostros de los cadáveres, para copiar sus facciones. Secas parecían de yeso, como una espléndida pared blanca erguida, o como un folio virgen donde empezar un gran poema. En algunas ocasiones la profesora dejaba colar algún disco compacto de música clásica durante las sesiones. Las clases de máscaras eran los miércoles a primera hora. Si traíamos nuestros escalímetros y portafolios, nos dejaban seguir de largo hasta la clase de dibujo técnico. Fue en una de esas sesiones, practicando el trazado de lo que la profesora Yamily llamaba líneas homólogas, que escribí los nombres de aquellas hermanas en una misma superficie por primera vez. Tallé los nombres usando un gancho de acero y las manos me sudaban muchísimo. El sudor terminó malogrando los nombres, así como el gesto corrupto de la máscara, dañada como todo silencio alcanzado por palabras.*

We can only conceal what our face is capable of revealing. Faces have said it all since the beginning. That is why silence is our best memory, our primal memory. He who falls silent, rather than pondering, remembers mistakes, outbursts, lies. Our paper mask workshop used recycled pulp. While wet, we would lay them on the faces of corpses, in order to copy their features. Once dried, they looked like plaster, like a splendid – upright – white wall, or like a blank page on which one could start writing a great poem. On certain occasions, our teacher would slip a classical music CD into the sessions. Mask classes were first thing on Wednesdays. If we brought our scale ruler and portfolios, they would let us keep on working till it was time for drawing class. It happened in one of those sessions, while practicing tracing what Professor Yamily used to call homologous lines – I wrote the names of those sisters on the same surface for the first time. I carved their names using a steel hook and my hands were very sweaty. The sweat ended up spoiling the names, as well as the corrupt expression on the mask, damaged like all silence is when it is reached by words.

Me preguntas con énfasis por el registro del derrumbe o colapso, como se dio a llamar, del famoso Viaducto, el más grande del mundo en su época. Mi primo Lorenzo y su cuñado Tato, que los traicionó a todos, empezando por su propia esposa, se acompañaban de música popular en su regreso a la ciudad de Caracas, cuna de la roca. Con el mar a sus espaldas o a la vista, no recuerdo, se precipitó un rumor muy potente, que abatió el techo de los ranchos en la zona. Los hizo vibrar como la estela invisible del Concorde de Air France aquella mañana de 1971. Una antena hecha de ganchos percibió la interferencia y ya la tierra había dicho lo suyo. Ellos se bajaron del carro, no sin antes tirar del freno de mano y bajarle volumen al reproductor. Existían los teléfonos celulares pero el daño ya estaba hecho. Nunca pudieron describir el sonido de lo que escucharon porque como todas las debacles, fue escalonada. Un segundo siguió a otro y cada tramo de la autopista, como las rayas en el tronco de un chaguaramo, deshizo la década que le correspondía. Los dos tenían cámaras digitales porque eran periodistas y ser colegas los hizo cuñados. Fueron a la televisión como a contar los orígenes de un escozor que termina de abrir y exponer la piel rabiosa de un animal ya extinto. Se hicieron famosos como quien consigue renombre por contar cómo perdió una pierna. Tato ahora se dedica a orinar exclusivamente en pizzerías, y Lorenzo todavía duda si aquello que vio caer de la autopista era otro bloque de concreto o una persona perseguida por la policía.

You emphatically ask me about the record of the crumbling or collapse, as it was finally called, of the renowned Viaduct, the largest in the world at the time. My cousin Lorenzo and his brother-in-law Tato – who in the end betrayed them all, starting with his own wife – were leaving a trail of popular music as they returned to the city of Caracas, the cradle of rock. The sea behind them or in sight, I don't remember, when a formidable noise was heard, one that would bring down the roof of the shanty houses in the area. It made them tremble like the invisible wake of the Air France Concorde that morning in 1971. An antenna made of hangers picked up the interference, and the earth had already done its thing. Lorenzo and Tato got out of the car, but only after pulling the brake and turning down the volume on the music. Cell phones existed but the damage was now done. They were never able to describe the sound of what they heard because, like all debacles, it took place in steps. One second was followed by another and each section of the highway, like the lines inside the trunk of a chaguaramo, unraveled the decade that corresponded to it. They both had digital cameras because they were journalists, and being colleagues made them brothers-in-law. They spoke on television, as if to recount the origins of an itch that ends up opening and revealing the rabid skin of a now extinct beast. They became famous – it was like being celebrated for telling how one had lost a leg. Nowadays, Tato best uses his time by urinating exclusively in pizzerias, and Lorenzo still asks himself if what he saw falling from the highway was another concrete block or a person being chased by the police.

Los entendidos tardaron en ver el cadáver amarrado a la bestia. Se había atado con tanta fuerza que, en medio de la turba, nada hizo que se cayera. Debe haber estado unos 20 minutos muerto delante de todos. El caballo se desbocó y se perdió de vista con el difunto. Luego lo encontraron en la ribera, con las pantorrillas moradísimas. Claramente no portaba uniforme. Las manos, —cómo no decirlo—, estaban desmembradas por la acción de las riendas en sus dedos. La cara era la misma, aunque fue raro ver a ese hombre tan callado. Eso fue lo que encontraron en el río Ocumare, con el caballo tranquilo, pastando a su lado. No estuve entre quienes recogieron el cuerpo, pero hay quien dice que el caballo tenía un dejo extraño en el pelambre y que, en última instancia, sinceramente, ese no podía ser él. La verdad es que la hinchazón y el efecto de la exposición al sol impedían saberlo. No lo velaron, pero todos los vecinos y cercanos a la Manga de Coleo Rolito "Toco" Gómez alzaron en hombros el féretro por kilómetros y kilómetros de tierra. Lloraban, pero como siempre, también armaron una rumba. Dado el peso, hubo una pifia en el kilómetro 5, que no fue sino un susto. Rápidamente se sustituyó a ese cargador. Por débil y también por borracho. Se llamaba Eustoquio. Eustoquio Gómez. Hermano del otro Gómez y responsable de que nombraran María Eustoquia a Mamaquita, una abuela adorable que yo tuve en este mismo pueblo, pero unos corrales más allá.

It took the authorities time to see the corpse tied to the beast. The man had been trussed so tightly that, amid the mob, nothing could make him fall off. He must have been dead for about twenty minutes in front of everyone. The horse got out of control and ran off with the deceased. Then they found him on the riverbank, his calves deeply purpled. He was clearly not wearing a uniform. His hands – how could one overlook it – were dismembered by the action of the reins on his fingers. His face was the same, although it was strange to see that man so quiet. That is all they found in the Ocumare River – the horse still, grazing next to the body. I wasn't among those who picked it up, but there are some who insist that the horse had a strange shade to its coat and that, ultimately, honestly, that man could not be him. Truth is – the swelling and the exposure to the sun prevented us from knowing with complete certainty. There was no wake for him, but both neighbors and people close to the Manga de Coleo Rolito "Toco" Gómez carried the coffin on their shoulders for kilometers on end. They were crying but, as usual, they also managed to throw a party. Given the weight of the casket, there was a misstep at kilometer 5 – it was nothing really. That pallbearer was quickly replaced – because he was weak but also because he was drunk. His name was Eustoquio. Eustoquio Gómez. He was the brother of the other Gómez, and the man responsible for the name María Eustoquia, given to a woman later known as Mamaquita, an adorable grandmother that I had in this same town, just a few corrals further on.

La niña *llegó orinándose a la cocina. Se quejaba y en mitad de la convulsión, escupió algo que no vimos. La madre, urgida, se acercó y le metió los dedos en la boca, presumiendo que había sido alguno de los dientes que tenía flojos. A su vez, para evitar que se mordiera la lengua, la tomó como una pinza, elevándola hacia el labio superior, casi a la altura de la nariz. Notó que debajo del músculo crecía un musgo espeso, en el que aguardaba enrollado un papiro diminuto. Lo tomó con la mano que le quedaba libre, pero inmediatamente soltó la lengua dejando la niña a su propia suerte. Extendió el papel sobre la mesa del comedor:*

Es un clavo lo que une mis pulmones.
Un dardo hosco y oxidado
es lo que me permite respirar.
No temas. Has estado antes
como estoy yo, tan solo no recuerdas
la mañana en que el perro llanero
mordió las patas de tus lentes
y arrastró tus zapatos lejos,
muy lejos de la tierra
que conocías.
En esa ocasión
saliste a montar caballo
"a pelo" como les dicen cuando
les han sacado los ojos
y las patas no temen
dar de lleno con los muros,
la fiebre
o la aurora.

La niña terminó de orinarse y pronto todos suspiramos de alivio. Era la historia. Quiero explicar que no era la voz que resume los acontecimientos o los perfila, sino la historia creciendo bajo una bacteria bucal, alimentada por leche materna. Ahora todos sabemos de qué estamos hechos y lo que nos va a pasar. Tropezar dos veces con la misma piedra y procurar raspar las extensiones de ese musgo para que no nos

The girl reached the kitchen pissing herself. She groaned and, halfway through a seizure, she spit something we didn't see. Hastily, her mother reached over and put two fingers in her mouth, assuming that it had been one of her loose teeth. Simultaneously, to prevent the girl from biting her own tongue, her mother grabbed it like a pincer, raising it to her upper lip, almost touching her nose. She then noticed how, under that muscle, a thick moss was growing – there lay a minuscule papyrus, rolled up. She took it with her free hand, but immediately released the girl's tongue, leaving her to her own devices. Then spread the paper on the dining room table:

What binds my lungs together is a nail.
A sullen and rusty dart
is what allows me to breathe.
Do not fear. You've been here before
where I am now, you just don't remember
the morning when the plains dog
bit the temples
of your glasses and dragged
your shoes away,
 far from the earth
you knew.
Back then
you went horseback riding
"bareback" as people say when
the eyes of the horse have been gouged
out and the legs are not afraid
to hit the walls head-on,
the fever
or the dawn.

The girl finished pissing, and soon we all sighed with relief. It was history. I mean – it was not the voice that condenses or outlines events, but the history that grows underneath oral

55

moleste su perorata. Ahora he vuelto a llegar borrachísimo a la casa y el bombillo de la cocina titila, por no decir que la electricidad, al mínimo contacto, genera un zumbido terrible. El pan que intenté tomar de la cesta estaba tieso, no así el papiro del comedor, húmedo aún, con los bordes ennegrecidos y la parábola esquiva rindiendo sus frutos en esta casa.

bacteria, breastfed. Now we all know what we are made of, and what will happen to us. We will trip over the same stone twice, and try to scrape the expanse of that moss, so we are not disturbed by its preaching. Now I have just come home drunk – again – and the lightbulb in the kitchen flickers – which is to say, the electricity, at the slightest touch, gives off a terrible buzz. The bread I tried to take from the basket was rigid, but not the papyrus in the dining room, still damp, with blackened edges and the elusive parable bearing fruit in this house.

Al final de la avenida crece un árbol de hierro. Sus usos serán múltiples y nos castigará con su estirpe. Es negro y denso, como todo lo que quiso sembrar el Sr. Ford en la Amazonia, aquella ciudad con su nombre que pretendió en medio de la selva. Se dice que una tía del General Bolívar quedó muda por décadas tras ver aquel árbol. Hoy día está picado en dos por decisión de una centella y nadie parece cuestionar su peculiar forma. Han pasado décadas de gestiones y malas administraciones en el cauce de su savia. En 1870 fue pintado por primera vez y la elección unánime del ayuntamiento fue la del color dorado. Atentos a la improvisación, nadie previno las supuraciones. El árbol, negro como una Y, emana algo y es lo mismo que llorara como lo hace la Virgen. Los pequeños hilos de nada, como un notorio cronista de la ciudad bautizó las "lágrimas" del árbol, pronto empezaron a suscitar visitas y peregrinaciones. Las réplicas y las apariciones en el interior del país tampoco se hicieron esperar. La Y del árbol empezó a manifestarse en las espaldas de niños con disentería, paredes de túneles y en ciertos globos oculares, que por ese entonces empezaban a estudiarse con una exactitud inédita, gracias a la llegada de los microscopios Madison a nuestro país. Se prohibió correr alrededor del árbol y pasar delante de este sin sombrero. Lo hicieron santo. Como siempre, de las peticiones se pasó al espanto. Las curiosas emanaciones del tronco y las ramas aumentaron en forma de un caudal vivo. El árbol empezó a recubrirse a sí mismo, capa tras capa, sumiendo hasta el último milímetro de su tono áureo. Ahora, más oscuro que nunca, se disponía a multiplicar su diámetro. Como corresponde, la bifurcación continuó y los hombres quisimos habitar sus ramas. Cada brazo se convirtió en una torre, dejando espacio en el centro o base del tronco para las oficinas del Consejo Nacional Electoral.

At the end of the avenue grows a tree made of iron. Its uses will be many, and it will punish us with its lineage. It is black and dense, like everything Mr. Ford wanted to plant in the Amazon, that city bearing his name that he envisioned in the middle of the jungle. It is said that an aunt of General Bolívar was dumbfounded for decades after seeing that tree. Nowadays it is cut in two by the decision of a lightning bolt, and nobody seems to question its peculiar shape. Decades of administration and mismanagement have run through the course of its sap. It was painted for the first time in 1870, and the unanimous color choice of the city council was gold. Prone to improvisation, not one councilman foresaw the suppurations. The tree, black as a Y, bleeds something, and it is as if it cried – the same crying of the Virgin. *The slight threads of nothing*, as a notorious chronicler of the city baptized the tree's "tears," soon began to attract visitors and pilgrims. The replicas and sudden apparitions in the country did not take long either. The Y of the tree began to appear on the backs of children suffering from dysentery, on tunnel walls, and on certain eyeballs – which at that time were being studied with unprecedented accuracy, thanks to the arrival of Madison microscopes in our country. Running around the tree and passing in front of it without a hat was forbidden. It was declared sacred. As always, the requests gave way to horror. The curious emanations from the trunk and branches increased, took the form of a living stream. The tree began to cover itself, layer upon layer, submerging every single millimeter of its golden hue. Now, darker than ever, it was ready to multiply its diameter. Accordingly, the bifurcation continued there, and we men desired to inhabit its branches. Each one became a tower, allowing some space in the trunk's center or base for the office of the National Electoral Council.

Dijo *que olvidaran las frutas y los manantiales, vanos intentos por aprehender la plenitud. Escupiendo el piso, con los dientes cariados, parecía un edificio gigante al que habían calcinado los últimos pisos. Tenía el rostro y el pecho completamente cubiertos por una túnica gruesa, que apenas permitía entender sus palabras.* Nadie les podrá brindar un hambre y una sed mejores que las mías. Abran sus bocas, saquen sus lenguas y esperen su sabor: Los llevaré a lamer la roca.

Procuren tener sangre en las encías y que sus ojos les permitan, todavía entre lágrimas, diferenciar la luz del amanecer. Quedarán limpios con la pureza de la brasa y los carbones. Serán hombres nuevos. El dolor les hará olvidar el dolor y la sed, su sed. *Lo peor que puede pasar con una mirada es sentirla amplificada en la forma de una máscara. El hombre me hizo pensar en los modelos de papel húmedo que hacíamos en la escuela, apoyados en los perfiles de los compañeros que se prestaban como modelos. Una vez secos, utilizábamos la forma de sus rostros como hojas en blanco. Escribíamos lo que nos daba la gana. Uno de ellos dibujó el edificio más alto de la ciudad, que luego se convirtió en un fiasco, como todo lo que irrumpe en el cielo de una capital. Otro dibujó compulsivamente aros que se cerraban los unos sobre los otros. Era como un cilindro enorme, in crescendo, que se extendía rodeando a una piedra que le servía de médula. Como un arquitecto o un experto en torturas, se adelantó a mis preguntas y explicó que la espiral crecía de izquierda a derecha, justo el mismo procedimiento antiguo con el que los egipcios vendaban a sus faraones, para luego convertirlos en momias y por esa vía en dioses. El compañero de mi recuerdo asintió y procedió a tomar mi máscara de papel en sus manos. Con un pincel untado en bitumen natural, dibujó un edificio atravesado de helicoides, coronado por una cúpula poliédrica. Luego lo tachó y esbozó una cruz de Lorena encima del mismo. Finalmente derramó un galón de algo que hedía sobre la máscara. La humedad la consumió en un amasijo indescifrable. Una mancha negra en el medio del salón. Inquirí su actitud, ofendido.* Dijo que eso era el país, chico. *El país chico o el país a secas, no recuerdo y no importa. Así queda.*

He said: forget the fruits and the springs, vain attempts to apprehend wholeness. Spitting on the floor through rotten teeth, he looked like a giant building whose top floors had been burned. His face and chest were entirely covered by a thick robe that made it almost impossible to understand his words. *No one will offer you better hunger and better thirst than mine. Open your mouths, stick out your tongues, and be ready for its taste: I will make you lick the rock.*

Bring blood on your gums, and make sure that your eyes will allow you — even through tears — to distinguish the light of dawn. You will be cleaned by the purity of embers and coals. You will be new men. Pain will make you forget pain, and thirst, your thirst. The worst thing that can happen with a gaze is to feel it grow into a mask. The man made me think of the wet paper models we used to make at school, using our classmates — who lent themselves as models — as supports. Once they were dry, we used the likeness of their faces as blank sheets. We wrote on them whatever we wanted. One of my classmates drew the tallest building in the city, which turned out to be a fiasco, like everything that interrupts the sky of a capital. Another one compulsively drew rings that closed in on each other. It was like an enormous cylinder, in crescendo, extending around a stone that was its marrow. Like an architect or an experienced torturer, he anticipated my questions and explained that the spiral grew from left to right — precisely the same ancient method used by the Egyptians to bandage their pharaohs, in order to turn them into mummies, and thus into gods. The classmate from my memory nodded and proceeded to take my paper mask in his hands. With a brush dipped in natural bitumen, he drew a building traversed by helicoids, crowned by a polyhedral vault. Then he crossed it out, and sketched a Lorraine cross on top of it. Finally, he spilled a gallon of a putrid liquid on the mask. The mask soaked up the moisture until all that remained was an unintelligible mass. A black spot in the middle of the classroom. I inquired about his attitude — I was offended. He said: *that was the country, man.* The country *man*, or just *the country*, period — I don't remember, and it really doesn't matter. It was done like that.

Todo en este libro es un invento, como las orillas de los mapas y la historia de un país repleto de edificios.

Everything in this book is fabrication, like the borders on the maps and the history of a country filled with buildings.

Es por culpa de los hombres y especialmente de los escritores, que nunca más pudimos hablar del beso. Es una amenaza que nos observa mientras redactamos. El beso se extiende a los progenitores y los hijos, pasando por los genitales y rostros de seres amados. De allí salta a los acontecimientos. En ello quiero detenerme y te ruego que tú también lo hagas. El de la mejilla condena desde siempre. Por eso entre vecinos fue menos letal, hasta aquella hora de un mediodía. Alguien, quien estuviera a cargo, podía estar afuera, jugando con los restos de peces que quedan en las redes de los pescadores, mientras nosotros, todavía en las literas, disfrutábamos nuestras lenguas, dejando en nuestras comisuras unas manchas tenues, mezcla de hilachas de mango y la saliva que se tiene a esa edad. Nos metíamos debajo de las sábanas y yo, que era el más alto, sostenía con mi cabeza lo que a todas luces sería una carpa. El aire se espesó por primera vez y allí entendí el olor de un cuello. Afuera un perro chillaba. Mientras, nosotros dejábamos que ocurrieran las cosas con la tranquilidad de estar en mitad de un juego tibio.

Socony, que era el nombre de aquella niña, dijo que no podía respirar más y que nos apuráramos. Era un capullo tierno, que pedía asistencia para ir al baño porque le daba asco tocarse el culo. Su madre nos mandaba a jugar al cuarto cuando quería contarle chistes verdes a la visita. Chistes verdes, así decía. También decía que el que quiere besar busca la boca. Eso lo escuché yo mismo y de su boca, precisamente. La señora Rita hablaba mucho por teléfono y en diciembre armaba un nacimiento espléndido que ocupaba todo el centro de la sala. Socony y yo tomábamos las figuras de yeso y las hacíamos replicar las poses y gestos de nuestros propios juegos. Nadie nos vio hacer aquello y fue mejor así. Hacíamos todo con prisa, sin romper nada. Yo descubrí la rapidez haciendo todas esas cosas con ella. Pero ella siempre estuvo adelantada.

Men were to blame – and especially the writers – for the fact that we could never talk about the kiss again. It is a danger that stalks us as we write. The kiss extends to parents and children, and also includes the genitals and faces of loved ones. From there it jumps to the events. I want to linger on that subject for a moment and I beg you to do the same. The kiss on the cheek has always condemned. That is why it was less fatal among neighbors, until that hour of that midday. Someone, whoever was in charge, could be outside, playing with the remnants of fish that remain entangled in the fishermen's nets, while we, still in the bunkbeds, enjoyed our tongues, leaving feeble stains in the corners of our mouths, the mixture of mango and saliva one has at that age. We used to get under the sheets and I, the tallest, held with my head what was clearly a tent. The air grew dense for the first time, and there I understood the smell of a neck. A dog bawled outside. Meanwhile, we would let things run their course peacefully – we were in the middle of a warm game.

Socony, as that girl was called, said that she couldn't breathe anymore and that we should hurry up. She was a tender bud, who asked for assistance to go to the bathroom because she found touching her own ass disgusting. Usually, her mother sent us to play in Socony's room when she wanted to tell dirty jokes to visitors. Dirty jokes, so she said. She also used to say that whoever wants to kiss knows how to look for mouths. I myself heard that – and from her mouth too. Mrs. Rita talked a lot on the phone, and come December she would put together a splendid Nativity scene that took up the whole center of the room. Socony and I would take the plaster figures and replicate stances and gestures from our own games. No one saw us do it and it was better that way. We did everything in a hurry, without breaking anything. I discovered haste doing all these things with her. But she was always ahead of me.

Su papá *la dejaba ver el noticiero mientras se quedaba dormida. Así descubrió qué era una motocicleta y por qué todas estaban en Caracas. También lo que es un barranco. De esa misma forma.* Lo que es un barranco. *Como una locura o las ganas de morir un día jueves.*

Her dad allowed her to watch the news while she fell asleep. That is how she discovered what a motorcycle was and why they were all in Caracas. She also found out what a ravine was – in that very way. *What was* a ravine. Like a madness or the desire to die on a Thursday.

Turiamo *era un pueblo fundado por una tropa de militares disidentes al régimen de un dictador. Hoy inmerso en la erosión, tiene la forma simple de una playa. En sus aguas sospechosamente profundas, duerme un submarino alemán que falló lo que sea que intentaba en costas venezolanas. Por las mañanas, se ve a los soldados llegar extenuados a la orilla, luego de haber sido arrojados mar adentro desde un helicóptero de entrenamiento, a doscientos metros desde la línea del horizonte. En Turiamo se criaban caimanes a un costado del río que desembocaba en el mar. Uno encontraba las huellas de esos pequeños dinosaurios frescas por la mañana, frente al mástil de un barco encallado y sin nombre, oxidado para siempre. Es difícil pensar que un pueblo entero pueda convertirse en una base naval. En Turiamo es así. En un extremo está la quinta para uso y retiro de la familia presidencial y en el otro extremo de la bahía, terminando la semicurva, lo que era el cementerio. Toda una imagen de la erosión. No hay lápidas, sino piedras lamidas por la insistencia de la marea. El pueblo desapareció hace unos 80 años.*

Turiamo was a town founded by a troop of dissident soldiers – deserters from the regime of a dictator. Today, immersed in erosion, it has the simple shape of a beach. In its suspiciously deep waters sleeps a German submarine that failed its mission, whatever it was trying to do on the Venezuelan coast. Every morning, one could see exhausted soldiers reaching the shore, after being thrown out to sea from a training helicopter, two hundred meters above the horizon line. In Turiamo caimans proliferated on one side of the river that flowed into the sea. You could find the fresh clawprints of those small dinosaurs in the morning, by the mast of a nameless, run-aground ship, rusted till the end of days. It's hard to imagine that an entire town could become a naval base. That's the way it is in Turiamo. At one end is a mansion built for the use and vacations of the presidential family, and at the other end of the bay, by the semicurve, a plot which housed the cemetery. A finished image of erosion. There are no tombstones – only rocks licked by the insistence of the tide. The town disappeared about eighty years ago.

Todas *las estructuras que había, como las vías de acceso, fueron obras de presos, condenados a trabajos forzados. Las carreteras dudosamente conseguían su desembocadura, llenas de curvas y baches. En Turiamo rodé en bicicleta por primera vez dentro del mar, sin temor alguno a que se oxidaran los rayos de las ruedas después. Era una bicicleta azul que me había ganado gracias un premio oculto en el envoltorio de una chupeta.*

All the structures the town contained – such as the access roads – were the work of prisoners sentenced to forced labor. The roads stumbled while managing to find their end, being as they were full of curves and potholes. In Turiamo I rode my bicycle into the sea for the first time, without fearing that the spokes of the wheels would afterwards rust. It was a blue bicycle that I had won – thanks to a lollipop wrapper.

El pez saltó de la pecera y cayó al piso. Estaba muerto y la sala entera olía a sal. Fue la primera cosa muerta que vi antes de pisar por error aquella rata, en la cancha de básquet que improvisó el hermano mayor de Cheo, detrás del salón de fiestas. Al pisarla se llenó la suela del zapato de pequeños gusanos. Salté a un lado sin poder apartar mi mirada del animal. Su ser estático, su par de dientes viendo el cielo para siempre. Los gusanos parecían brotar de su panza y no venir de afuera. Hasta el sol de hoy creo que en nosotros vive lo que gozará nuestro cadáver, descomponiéndolo. Así lo entregará al aire tibio que oxida las barras de los balcones, especialmente de los apartamentos más altos de la urbanización Andrés Bello.

The fish jumped out of the fish tank and fell to the floor. It was dead and the whole living room smelled like salt. It was the first dead thing I ever saw – at least before stepping on that rat by accident, on the basketball court that Cheo's older brother had improvised behind the party hall. The sole of my shoe was covered in tiny worms. I immediately jumped to the side, unable to take my eyes off the animal. Its motionless body, its couple of teeth gazing forever to the sky. The worms seemed to sprout from its belly – they did not come from anywhere else. Up until this very day I believe that in us live the creatures that will enjoy our corpses, as they decompose. The creatures will deliver our bodies to the warm air that rusts the bars on the balconies, especially those of the tallest apartments of the Andrés Bello housing development.

Un día *es una cosa incomprensible. Se acaban para arrojarse a otras réplicas. Como un espejo que se bate contra otro y nunca sangra.*

A single day is just an incomprehensible thing. Days are done only to be thrown into other replicas. Like a mirror that is beaten against another mirror, and never bleeds.

El edificio cincuentenario fue inaugurado el 29 de abril de 1954, con motivo de la celebración de los primeros 50 años de vida académica de la institución. Gozaba de seis columnas posteriores, enormes. Los típicos cilindros de concreto armado de la época. En la planta baja se formaba una especie de atrio donde nos echábamos a leer o fumar. En ese espacio Daniel me mostró un poema que hablaba de la pobreza y describía, dejando varios centímetros entre paréntesis, el tamaño de las tuberías de la gente pobre del país o, en realidad, del cerro contiguo a nuestra universidad. El ejemplo de la tubería era algo así (   ) por donde subía el agua para lavar los platos y bajaba la mierda a no se sabe dónde, o quizás simplemente a la cocina de un vecino. Creo que Daniel me mataría por contar esto de una manera tan liviana. Él ya está muerto, pero en ese entonces se jactaba de acercarse, reunirse y de hecho practicar con los entusiastas del teatro de la universidad. También me regaló unos pasquines fotocopiados de unos textos que estaban de moda en ese entonces. Recuerdo uno de Octavio Paz sobre la postmodernidad, que allá, en el 54, era imposible. Decía que luego vendría la post postmodernidad y entonces algo nos llevaría las manos al cuello. Lo importante es que la planta baja de ese edificio, forrada por azulejos blancos, fue teatro de operaciones de miles de artimañas. Una vez pasé volando de extremo a extremo deslizando mis mocasines a toda velocidad. Me caí, pero ya cerca de las escaleras donde no me pudo ver ningún testigo. También le cerré de golpe un libro enorme en la cara a una chica que dicha la verdad, no me gustaba tanto. Pero me encantaba molestarla y los muchachos en esa época éramos así. Bellos sin más, como una rama seca que se usa para barrer el polvo y las marañas de pelos de las esquinas.

The Quinquagenary Building was inaugurated on April the 29th, 1954, to celebrate the institution's first fifty years of academic life. It had six enormous rear columns — the typical reinforced concrete cylinders of the time. On the ground floor there was a sort of atrium, where we would sit down to read or smoke. There Daniel showed me a poem that spoke of poverty and described, by leaving several blank centimeters between parentheses, the pipe size of the poor people's homes in the country — or, rather, the homes on the hill next to our university. The pipe was something like this (   ), through which the water went up to wash the dishes and the shit went down to nobody knows where — or perhaps simply to a neighbor's kitchen. I think Daniel would kill me for telling this story so lightly. He's already dead, but back then he used to brag about reaching out to, meeting, and actually rehearsing with college theater enthusiasts. He also gave me some photocopied skits, some texts that were popular at the time. I remember one by Octavio Paz about postmodernity, something that in '54 was simply impossible. He said that post-postmodernity would eventually come, and then something would put its hands around our necks. The important thing is that the ground floor of that building, covered in white tiles, was the theater of thousands of schemes. Once I slid from end to end, gliding on my moccasins at full speed. I fell, but by the stairs, where no witness could see me. I also slammed shut a huge book in the face of a girl who, to be honest, I didn't like that much. But I loved teasing her, and we guys back then were like that. Solely beautiful, like a dry branch used to sweep dust and balls of hair from the corners.

Fue en esos mismos metros cuadrados que un día escuché y miré, por primera vez a sus ojos grises, al poeta Luis Alberto Crespo, famoso por inventar el llano y a varias especies de animales disecados. Supe que visitaría la universidad y que estaría brindando una charla en el primer nivel del edificio cincuentenario. Así se llamó todo el tiempo que existió el edificio y así nos referíamos a él, con alguna vehemencia. No he hablado de los pisos superiores de la estructura, pero ya lo haré. De momento puedo prescindir de esos pasillos blancos, asépticos como un baño cubierto de cloro, porque Crespo no los visitó, si quiera para secarse el sudor calvo de su frente. Estuvo todo el tiempo sentado, en una silla de plástico, de marca Manaplás. La recuerdo perfectamente, así como me recuerdo empacando esa mañana en mi cuarto de la residencia de estudiantes, el ejemplar con tapa blanda de "La revolución es un atril descuidado por el director de la orquesta", *el poemario más trascendente de Crespo y más importante aún, el único que yo tenía impreso. Lo llevé convencido de que todo el mundo llevaría un ejemplar suyo para conseguir su firma. Nadie lo hizo. Me sentí especial y ridículo al pedirle que me lo firmara, pero para ese momento ya nada importaba. El poeta nos había dado una charla magistral, de cara al sol de Antímano. De vez en cuando suspendía una oración y extendía sus brazos. Tenía las uñas tan largas y limpias que se podía ver la luz del sol occidental de Caracas a través de ellas. Yo tenía la mirada y el oído un poco alterados. Abril, que tenía pecas y cada ojo de un color distinto, me había ofrecido fumar marihuana y había aceptado, por lo que la tibieza del aire se confundía con las palabras y desvaríos del orador. En un momento determinado, en medio de una disquisición, Crespo se llevó las manos a la boca y extrajo un diente. Lo escupió, en realidad.*

Unos pequeños rayos de sangre alcanzaron el mantel horrendo de la mesa que se había dispuesto frente a él. Continuó hablando poco más lo que seguramente tenía estipulado, pero en breve quiso recibir preguntas. Cuando se abrió el espacio para dudas, dijo expresamente que prefería empezar con una mujer. Una damita. *No sé qué preguntó ella, pero él respondió que por ejemplo, para saber realmente del movimiento, para entenderlo en su profundidad, había que ver bailando a Mick Jagger, atendiendo a todo lo que pasaba en él cuando estaba en el escenario. No*

It was in those very same square meters that one day, for the first time, I heard and saw – he had gray eyes – the poet Luis Alberto Crespo, famous for inventing the plains and several species of embalmed animals. I learned that he would be visiting the university, and that he would be giving a talk on the first level of the Quinquagenary Building. That is how the building had been known as long as it had existed, and that is how we emphatically referred to it. I haven't talked about the upper floors of the structure, but I will do so eventually. For the time being, I can do without those white corridors, aseptic like a chlorine-soaked bathroom, because Crespo did not visit them – not even to wipe the bald sweat off his forehead. He stayed seated throughout his talk – a plastic chair, Manaplás brand, held him. I remember it perfectly, just as I remember myself that morning, packing in my room at the student residence, the paperback copy of *The Revolution Is a Stand Neglected by the Conductor of the Orchestra*, Crespo's most significant poetry collection and, importantly, the only one I had in a printed format. I took it with me, convinced that everyone would bring a copy of theirs to get the author's autograph. Nobody did. I felt special and ridiculous as I asked him to sign my copy for me, but by then nothing mattered. The poet had given a flawless talk, all the while facing the sun of Antímano. He occasionally paused in the middle of a sentence and stretched out his arms. His fingernails were so long and clean that you could see the sunlight of western Caracas through them. My eyes and ears were slightly altered. Abril, who had freckles and two different colored eyes, had offered me marijuana and I had said yes, so the warmth of the air was entangled with the words and ravings of the poet. At a certain moment, in the middle of a digression, Crespo took his hands to his mouth and extracted a tooth. Or rather spat it out.

A few small threads of blood reached the hideous tablecloth on the desk that had been put in front of him. He went on talking a little more than the stipulated time, surely, but shortly after he declared that he wanted to receive questions. When he opened

me asombró que citara a su colega de farras porque Crespo estudió en Londres y se sabía del vínculo que los unía. Al menos dos poemas de su extensa bibliografía están dedicados al cantante. Uno de ellos, por cierto, en la página 29 del ejemplar que cargaba conmigo. Llegado el momento de las firmas y como una excentricidad, le pedí al poeta que repitiera los primeros versos del poema con su propia letra manuscrita, a un lado del párrafo impreso. Accedió. Teniéndolo cerca pude ver cómo un hilo de sangre se había secado sobre su barba cana. Tomó un bolígrafo con su mano derecha y copió sus propios versos sobre la página:

"Lo mataron.
Pero antes lo habían dejado solo, sin una puta metáfora
que lo salvara de este instante..."

the floor for doubts, he expressly said that he preferred to start with a woman. A *little lady*. I don't know what she asked, but he replied that, for instance, to really know about movement, to understand it in depth, you had to see Mick Jagger dancing, you had to pay attention to everything that happened to him – on him – when he was on stage. It didn't surprise me that he quoted his drinking buddy, since Crespo had studied in London when he was a young man, and the bond between them was common knowledge. At least two poems from his broad bibliography are dedicated to the singer. One of them, by the way, was on page 29 of the copy that I had taken with me. When the time came for the signatures, I whimsically asked the poet to replicate the first lines of the poem in his own handwriting, beside the printed stanza. He agreed. From up close I could see how a trickle of blood had dried on his gray beard. He took a pen in his right hand and wrote his own line on the page:

"They killed him.
But before that, they had left him alone,
without a fucking metaphor
to save him from this moment…"

Son salvajes en este país. Los únicos en cultivar un incendio.

People are wild in this country. They are the only ones who devote themselves to the cultivation of fire.

Diógenes *se fue apagando lentamente, pero alcanzó a saber un par de cosas durante sus últimos días. Que el general Gómez había recibido a Carlos Gardel en los jardines del Hotel Maracay y que Gardel había muerto a los pocos días en condiciones sospechosas. Aquella tarde amarilla en la que todavía a nadie se había ocurrido llamar Ciudad Jardín, el argentino entonó "Pobre gallo Bataraz", conociendo la afición del benemérito a las peleas de gallos. Fue éste quien inició a Escalante en el amor a las peleas entre bestias y, por ende, al dinero. Dos años antes de morir, en 1933, había iniciado un pequeño negocio en la esquina sur de la Posada de María Luisa, en Ocumare de la Costa. Se trataba de una quincalla que unos metros más allá, por medio de un pasillo ridículo, donde nadie nunca escondería nada, albergaba todo lo que necesita un bar: la barra con cinco taburetes de cuero prensado traídas de Guárico en mula y una mezcla de aserrín y mugre en el piso. Yo conocí todos esos sitios muy bien. En esa posada pasé buena parte de mi infancia y allí besé a una muchacha cuyo nombre no recuerdo. En un pozo contiguo a la posada, mi padre descubrió mientras nos refrescábamos cerca de las piedras, que en mi hombro había una inscripción. Entre curioso y ofendido quiso saber lo que tenía escrito en mi piel. Lo leyó con atención y guardó silencio. Esa misma noche decidió que algún momento importante en mi vida había llegado o simplemente apuró la sucesión de dudas que nos hacen adultos. Me dijo que me pusiera un pantalón de jean que íbamos a salir.*

Diógenes faded away slowly, but he learned a thing or two during his final days. That General Gómez had welcomed Carlos Gardel in the gardens of the Hotel Maracay, and that Gardel had died a few days later under suspicious circumstances. During that yellow afternoon – in a city that no one had thought of calling Garden City just yet – the Argentinian sang "Poor Rooster Bataraz", knowing full well the General's fondness for cockfighting. It was he who had initiated Escalante into the love of fights between beasts and, therefore, of money. Two years before he died, in 1933, he had started a small business on the south corner of the Posada de María Luisa, in Ocumare de la Costa. It was a shop that had bowels: a few meters inside it, through a ridiculous corridor where no one would ever think of hiding anything, Escalante housed everything a tavern needs: the bar with five pressed leather stools brought from Guárico by mule, and a mixture of sawdust and dirt on the floor. I got to know all those places very well. There I spent a good chunk of my childhood, and there I kissed a girl whose name I do not remember. In a spring by the inn, while we freshened up near the stones, my father discovered there was an inscription on my shoulder. With a mixture of curiousness and outrage, he demanded to know what was written on my skin. He read it carefully, and fell silent. That very night he decided that I had arrived at a turning point in my life, or he simply hastened the sequence of doubts that make us adults. He told me to put on a pair of jeans – because we were going out.

Ocumare *es un pueblo de unos dos mil habitantes, con noches regidas por muy pocas cosas. Llegamos a la posada primero y de allí cruzamos a la quincalla. Mi padre me soltó la mano apenas atravesamos el umbral. Había música vibrando en una bocina que ya no hacía sino despedir polvo y salitre. Sostuvo una conversación muy seria con Cruz, el hijo de Diógenes. Pensándolo, hoy en día diría que mi padre intentaba convencerlo primeramente de algo que el comerciante no quería aceptar. Pero lo hizo. Mi padre volvió la mirada sobre mí y me dio la mano. Atravesamos el pasillo que se presentaba no solo como lo prohibido, sino como todo lo oculto. Como siempre, lo que se nos niega carece de interés real: hombres con la camisa muy abierta, el pecho irritado, con cigarrillos mal amarrados en las manos, las uñas largas, sucias, y un par de mujeres entre ellos. Detuvimos el paso y pensé que había llegado el día de tomar el primer trago de alcohol. En cualquier caso, sentí que hasta allí había llegado mi aventura.*

Pasaron muy pocos momentos y entre el vaho grave de las bocinas se coló un sonido agudo, metálico. Luego otro más grave, como si se hubiera desprendido algo que llevaba mucho tiempo unido a una de aquellas paredes de barro. Mi papá, orgulloso de poder constatar el alcance de su poder en aquel pueblo, me volvió a dar la mano, convidándome a algo. Me pidió que abriera los ojos, creo que quería que recordara todo lo que viera de allí en adelante. Regresando al pasillo, pero esta vez avanzando hacia su fondo, vi a Cruz sosteniendo una puerta que fue blanca, con claros estragos de oxidación. En sus manos tenía un candado enorme y una cadena que parecía una anaconda hecha de eslabones. Al fondo se veía un patio al que no tardamos en entrar. Una vez afuera, Cruz volvió a cerrar la puerta tras nosotros. Pude sentir el impacto de la cadena contra la puerta herrumbrada. Había unas gradas hechas con cualquier cosa: gaveras de cerveza, cajas de manzanas, sillas de montar desechadas. Varias hileras circulares que se superponían. La sonrisa de mi papá me transmitió toda la seguridad que podía necesitar en ese entonces. Los hombres abucheaban, gritaban, compartían botellas de aguardiente. En el medio, dos gallos enormes se batían en combate. No puedo comparar el odio en las miradas de esos animales con nada. El odio y el amor por la supervivencia. Quise acercarme y mi papá dejó que avanzara,

Ocumare is a town of about two thousand inhabitants – its nights are governed by very few things. First, we arrived at the inn, and then we walked to the store. My father let go of my hand as soon as we crossed the threshold. Music vibrated in a speaker that no longer did anything but give off dust and salt. He had a very serious conversation with Cruz, the son of Diógenes. Come to think of it, I would say my father was trying to convince Cruz of something that the merchant was reluctant to accept. But he did. My father turned his eyes to me and took my hand. We went through the corridor that was presented not only as what was forbidden, but as an emblem of everything that is hidden. As usual, that which is denied to us is, when revealed, of no real interest: men in wide open shirts, bare-chested and sore, their hands holding loosely-tied cigarettes – long, dirty fingernails – and a couple of women there, among them. We stopped and I thought that the day had come to take my first drink. In any case, I felt that my adventure had come to its end.

A few moments went by, and a high-pitched, metallic sound slipped through the deep fog of the speakers. Then another, thicker sound came – as if something had come loose, something attached to one of those mud walls for centuries. My dad, proud to confirm the reach of his power in that town, took my hand again, inviting me to pay attention. He ordered me to open my eyes – I think he wanted me to remember everything I saw from then on. Back in the corridor, this time walking towards its end, I saw Cruz holding open a door that had once been white, with evident signs of rust. He held a huge padlock in his hands, and a chain that seemed like an anaconda made of steel links. Beyond the door, there was a courtyard – and we soon entered it. Once outside, Cruz closed the door behind us. I could hear the chain slamming against the rusty door. There were stands made of practically anything: beer crates, apple boxes, discarded saddles. Several circular rows overlapped. My dad's smile gave me all the security I could need back then. The men booed, shouted, shared bottles of moonshine. In the

siguiéndome. Me quedé hipnotizado con la extraña danza que precede a los ataques, la antelación de la defensa, el cálculo de los esfuerzos. De la nada, mi papá me tocó el hombro, justo encima de donde había notado la escritura en mi piel. Puso sus dedos sobre mi cuello y me extendió un papel con un sello. Me dijo que el mío peleaba en unos minutos y que me aprendiera el nombre porque era el favorito. Se llamaba Bataraz.

middle of the ring, two huge roosters were locked in combat. I will never be able to compare the hatred in the eyes of those animals to anything. Hatred and love for survival. I wanted to see from up close, and my dad allowed me to move forward, following me. I was mesmerized by the strange dance that came before the attacks, the anticipation of the defensive moves, the calculated efforts. Out of nowhere, my dad touched my shoulder, precisely where he had noticed the writing on my skin. He put his fingers on my neck and handed me a piece of paper with a stamp on it. He told me that my animal would be fighting in a few minutes, and that I should learn its name, since it was the favorite. It was called Bataraz.

Algunos edificios han cambiado y otros no tanto, resistiendo como lápidas en medio de un cementerio que ya no existe. Se ven grises, como las rodillas de un elefante muerto de hambre en Caricuao, sosteniendo no sé qué con su sombra de animal en extinción. Aun así, a este suelo todavía lo visitan hombres capaces de abalanzarse sobre la ruina, sin otro propósito que jactarse de haberla visto de cerca y llevarse de recuerdo la foto del cráneo petrificado de un chivo. En sus andanzas minan los escotes de las muchachas, con un despilfarro que nos ofende a todos dentro y fuera del valle oriental. A las putas que no tienen dientes y a los pocos atletas que siguen remando sobre las pistas llenas de monte, nos duele ser testigos de ese tránsito. Pero es así. Yo prefiero hacer caso omiso de lo que veo desde la ventana o sentarme a esperar que mi abuelo termine de pasar las páginas del periódico, atajándolas en el aire. Él es un gran lector. Se bebió de un tiro el libro "El mago de la cara de vidrio" y me hizo un resumen muy sucinto que sirvió para mi clase de Castellano. Dijo que no hacía falta que yo lo leyera para poder comprenderlo.

Que se aprendía de la literatura, del horror y del hambre de la misma forma: en el seno materno. También comentó que en este lado del país donde nací, todas las desgracias se maman. El tono del pezón de tu mamá dicta cómodamente si irás o no a una universidad, si conocerás los llanos o morirás en un incendio. Mi abuelo era hijo de una mujer que jamás conoció y al parecer esa era su única certeza. Éramos pobres, a la manera de los que lo son e ignoran cuánto. En cualquier caso, no importa cuán desprovista de cosas como dinero estuviera nuestra existencia, cuántas dudas nos acosaran, mi abuelo se conducía como quien siempre tiene algo, y ese algo, era saber que él, a diferencia de todos sus hijos y nietos, jamás conoció a su mamá. Se reía fumando unos cigarros asquerosos de papel gritando que las madres eran como las opiniones y el culo: todos tenemos una.

Some buildings have changed, and others not that much, persevering like tombstones in the middle of a cemetery that no longer exists. They look gray, like the knees of that starved elephant in Caricuao, holding together God knows what with its shadow of endangered animal. Even so, this land is still visited by men capable of climbing on the ruins, with no other purpose than to boast of having seen them up close and taking the picture of the petrified skull of a goat as a souvenir. As they wander, their eyes lock on the cleavage of the girls, with a lavishness that we all find insulting, both inside and outside of the eastern valley. It pains us to witness that procession – all of us hurt, even the teethless whores and the few athletes who still row on grassy tracks. But it is what it is. I'd rather ignore what I see from the window or sit and wait for my grandfather to finish turning the pages of the newspaper, grabbing them as they fly through the air. He is a great reader. He read *The Glass-Faced Wizard* in a single afternoon and gave me a very succinct summary, useful for my literature class. He declared that I didn't have to read it to understand it.

That we learned about literature, horror, and hunger in the same way: in the womb. He also remarked that on this side of the country, where I was born, all misfortunes are sucked from the tit. The shade of your mom's nipple comfortably determines whether you will go to college or not, if you will know the plains, or die in a fire. My grandfather was the son of a woman he never knew, and it would seem that was his only certainty. We were poor, in the manner of those who are poor but ignore just how much. Regardless of how devoid of things like money our existence was or how many doubts harassed us, at all times my grandfather behaved like someone who had something – and that something was the knowledge that he, unlike his children and grandchildren, had never met his mom. He would laugh, while smoking his disgusting paper cigarettes, shouting that mothers are like opinions and asses: everyone has one.

*"incluyendo las lianas
por donde saltan los monos
y este tiempo
que no vimos venir jamás
y aquí resiste"*

"including vines
where monkeys swing
and this time
that we never saw coming
and resists right here"

Sabes muy bien que la piel de la piedra es igual a la de tu vientre. Un manantial de flores escondidas. Basta con tocar ese asombro sin fisuras, convencido de que un grito es lo que más se pega al cemento y a los ojos. Notarlo es como practicar una tradición, viendo la lluvia hacerse charcos dentro de los mapas.

You know full well that the stone's skin is the same as that of your womb. A spring of hidden flowers. It is just enough to touch that seamless amazement, convinced that a scream is what truly sticks to cement – and to our eyes. Noticing it is like practicing a tradition, watching the rain form puddles inside maps.

*¿**Sabíamos** acaso nosotros al llegar a esta ciudad, que cuando se acaban las promesas, aparece la esperanza? La verdadera y única oportunidad de que algo cambie es que ya no lo esperemos. A los ingenuos les encanta decir que el momento más oscuro de la noche es cuando está por amanecer. Esas son sandeces. Te diré algo. El momento más oscuro de la noche es cuando entierras tu jodida nariz italiana en el esplendor del coño bien mojado de una india. No hay más. Eso tiene que ocurrir con la mujer menos pensada, a deshoras, un día que no te pusiste perfume. No hay forma de estallar dentro de un buen par de piernas habiéndose bañado. Volviendo a la esperanza, pues para mí se trata siempre de una sensación, es algo que es eterno mientras dura. Como el matrimonio. O quizás como la tregua de las tormentas de nieve en el aeropuerto de La Guardia. ¿Las has visto? Esos paréntesis que de pronto permiten que los aviones despeguen y pasen cosas como atravesar el Atlántico. Son excepciones, como la justificación de ciertos asesinatos. Mi padre quería que fuera abogado. Crecimos en Córcega y hasta los once años yo quise ser un bandido. A esa edad uno solo puede convertirse en lo que ve y en ese pueblo las únicas cosas vivas eran los maleantes y las polvaredas que dejaban los coches al partir muy lejos. Él me había prometido pagarme los estudios en alguna ciudad respetable, pero al poco tiempo lo mataron junto a mi madre, por algo que sabían o habían visto. No entiendo qué podían saber dos personas tan pobres. Tuve que huir antes de convertirme en otro niño criado por monjas, y así llegué a esta isla coronada por esa estatua verde con una farola que representa la verdad y la justicia. Me vine con una maleta de cartón que se deshizo en el trayecto y que terminé tirando por la borda. Lo recuerdo como si fuera ayer. No traía prácticamente nada y logré salvar la única cosa de valor que tenía y que todavía tengo: los anillos de boda de mis padres. Son de oro blanco auténtico. Los cargo siempre conmigo, tócalos.*

Did we know back then, when we arrived in this city, that once promises end, hope appears? The true and single chance for something to change is that we no longer expect it. The naive love to say that the darkest moment of the night is when dawn is about to break. That is just nonsense. Let me tell you something – the darkest moment of the night comes when you bury your fucking Italian nose in the splendor of an Indian's wet pussy. There is nothing else. It needs to happen with the least expected woman, during the wee hours, one of those days you didn't wear cologne. If you took a shower, there is simply no way to burst between a good pair of legs. But we were talking about hope – well, for me it is always about a sensation, something eternal while it lasts. Like marriage. Or maybe like the ceasefire in between the snowstorms at La Guardia Airport. Have you seen them? Those parentheses that suddenly allow planes to take off and do things like cross the Atlantic. Exceptions – like the justification for certain murders. My father wanted me to be a lawyer. We grew up in Corsica and, until I was eleven, I wanted to be a bandit. At that age, one can only become what one sees, and in that town the only living things were the thugs and the dust left by cars gone far away. He had promised to pay for my studies in some respectable city, but shortly after, he was killed, along with my mother – they knew or had seen something they shouldn't. I really don't get what they could know – what poor people could know. I had to run away, I didn't want to become yet another child raised by nuns, and so I came to this island crowned by that green statue holding some lamp that represents truth and justice. I came with a cardboard suitcase – it fell apart on the way and I had to throw it overboard. I remember it like it was yesterday. I brought almost nothing and managed to salvage the only valuable thing I had and still have: my parents' wedding rings. They are made of authentic white gold. I always carry them with me. Here, touch them.

Un país fingiendo un país y todas sus desarticulaciones proscritas.

A country pretending to be a country, and all its forbidden disarticulations.

Maximiliano *era un tipo con una fortuna enorme. Se acercaba a ti preguntando el precio de tus bienes y pertenencias, en especial si no estaban en venta. Si uno por sacárselo de encima, decía trece, él arrojaba quince monedas sobre la mesa. Antes, las cubría con las palmas de sus manos para que uno no supiera cuánto estaba pagando, o si, de hecho, estaba jugando. Era un hombre interesado en perderlo todo y comprobar cual método le permitiría hacerlo más rápido. Murió en una camioneta amarilla, junto al gobernador del estado Guárico, a quien acompañaba en sus actos de campaña. Alguna falla en la ruta hizo que desbarrancaran hacía la corriente del Río Paya, siendo la caída letal para todos los tripulantes, exceptuando al chofer. Sigue siendo un misterio cómo los sobrevivió. Un día, tomando caña con Maximiliano en una de sus fincas, la que él llamaba "Finca del tigre", le pregunté por la suerte que condujo a su enorme fortuna.*

Reclinándose y levantando el mentón, se refirió a la montaña donde se practican ritos paranormales, consultas psíquicas y sesiones de espiritismo. Olvidé el nombre, pero me dijo que en ese lugar pasaba de todo. De hecho, que fue allí fue donde conoció la nieve. Absorto, entre la burla y el desconcierto, le pregunté cómo había sido aquello posible estando en el trópico, lejos de Los Andes, lejos del norte, en fin, tan lejos de la nieve original que se conoce, la de los libros. Cerró los ojos moviendo el vaso de su trago con la mano derecha y me dijo: si estás protegido por la reina, ella te lleva consigo, y la reina siempre está donde ella quiere. Luego de unos instantes meditando y de pasear el borde de su habano para quitarle las cenizas, dirigió su mirada al impresionante lienzo que adornaba la pared lateral derecha de la terraza. Era una réplica excelsa de "El paso de la inquina", una leyenda que alecciona sobre la avidez de poder de dos hermanas y los vicios que conciernen a la ambición desmedida. Los nombres aludidos son los de Socony y Mene, siendo ésta última la mayor de las dos y la más despiadada.

Maximiliano had a huge fortune. He would come to you and ask the price of your possessions and belongings, especially if they were not for sale. If you said thirteen, just to get rid of him, he would then throw fifteen coins on the table. And before doing that, he would cover the coins with the palm of his hand, so that you wouldn't know how much he was paying – or if, in fact, he was playing some game. He was a man whose main interest was losing everything, and discerning which method to do so would be the fastest. He died in a yellow truck, along with the governor of Guárico State, whom he accompanied during his election campaign. Some potholes in the road caused them to fall into the Paya River – the fall was lethal for everyone in the truck, save the driver. Up to this day, it remains a mystery how he survived. Once, while having some drinks with Maximiliano at one of his ranches, the one he called "Tiger Ranch," I asked him about the luck that had led him to his vast fortune.

Leaning back and lifting his chin, he talked about the mountain where paranormal rites, psychic consultations, and seances are practiced. I eventually forgot its name, but he declared anything and everything could happen there. Actually, that had been the place where he had seen snow for the first time. Fascinated, with a tone somewhere in between mockery and bewilderment, I asked him how it was possible, since we were in the tropics, far from the Andes, far from the north – in short, so far from the true snow, the truest we know, the one we find in books. He closed his eyes, shook ever so slightly the drink he held in his right hand, and said: if you are under the Queen's protection, she takes you with her, and the Queen is always where she wants to be. After meditating for a few moments, rubbing the edge of his cigar to remove the ashes, he turned his gaze to the impressive painting that beautified the right wall of the terrace. It was an excellent replica of *El paso de la inquina*, an exemplary tale about two sisters' desire for power, and the vices that concern excessive ambition. The names it alluded to were those of Socony and Mene, the latter being the oldest and more ruthless of the two.

Esa *noche todos se prepararon para una invasión a la propiedad priva-*
da. El día siguiente sería 23 de enero, y todos los hombres responsables
sacaron las armas de los closets para proteger a sus familias. Se comuni-
caban con una especie de clave morse lumínica, con rayos y emisiones
coordinados entre linternas. Desde el Edificio Cristóbal Colón, como si
se tratara de sendas naves, pegaron el pecho al piso impermeabilizado de
su azotea. Uno de ellos, Reinaldo, que tenía una empresa que pintaba
fachadas de edificios, me preguntó si yo sabía cargar una pistola, exten-
diéndome un peine. Se lo devolví repleto de las balas de punta hueca que
me habían regalado en mi cumpleaños anterior. Por el radio se alterna-
ban claves y advertencias. También música. Alguien que probablemente
también estaba en una misión cercana, pero solo, dejaba colar cada cier-
to tiempo un estribillo que repetía de manera compulsiva: Hay fuego
en el veintitrés, en el veintitrés, *deteniéndose en cada una de las síla-*
bas. Parecía un borracho o un homicida ocupado en su muy personal
cuenta regresiva. Reinaldo chequeaba cada 10 minutos el estado de las
cosas en la garita del vigilante de la residencia, donde estaba Henry, un
hombre que todos vimos envejecer en un cubículo reseco de sol y café negro.
Henry tenía un cuaderno donde había anotado los colores que debía gri-
tar en cada una de las situaciones de peligro. Tenía, curiosamente, órde-
nes de no disparar. Le dejaron una escopeta descargada, quizás como un
atisbo de que todo aquello era una fantasía. La noche transcurrió y en un
momento unánime, no hubo más compases de luz de las linternas veci-
nas. Henry entregó su guardia a otro vigilante a las 6 de la mañana,
como había hecho los últimos 13 años. Esta vez escribió con un marca-
dor y no un bolígrafo la frase "sin novedad" en el renglón de actualiza-
ciones que surtía de datos al final de cada jornada. Reinaldo perdió a los
tres meses la licitación para pintar las torres vecinas de la calle 4 y 6.

That night everyone was prepared for an invasion of their private property. The next day would be January the 23rd, and every single responsible man took his guns out of the closets to protect his family. People communicated with a kind of Morse code, coordinated beams and emissions from flashlights. In the Cristóbal Colón Building, as if it were a ship, they lowered their chests to the waterproofed floor of its roof. One of them, Reinaldo, who had a facade-painting company, asked me if I knew how to load a gun, handing me a magazine. I gave it back to him filled with the hollow-point bullets that I had received for my previous birthday. Codes and warnings came and went on the radio. Some music, also. Someone who was probably on a nearby mission, but all by himself, would let slip a refrain from time to time, repeating it compulsively: *Hay fuego en el veintitrés, en el veintitrés*, abruptly stopping at each one of the syllables. He sounded like a drunk or a murderer, engaged in his very personal countdown. Every ten minutes, Reinaldo checked how things were going in the guardhouse of the residence – that's where Henry was: a man we all saw grow old in that cubicle, parched by sun and black coffee. Henry had a notebook where he had written down the colors, he had to shout in each of the dangerous situations. Oddly enough, he had orders not to shoot. They left him with an unloaded shotgun, perhaps as a sign that this was all a fantasy. The night went by, and in a unanimous moment there were no more dancing lights coming from the neighboring flashlights. Henry handed his post over to another watchman at 6 a.m., as he had done for the previous thirteen years. This time he wrote with a marker – and not a pen – the words "all quiet on the front" in the form where all updates were to go at the end of each day. Three months later, Reinaldo lost the bid to paint the neighboring towers on 4th and 6th streets.

Dibujó esta ciudad como una zona en reclamación, con linderos ínfimos, delgados y poco versátiles como un barrote.

He drew this city as a disputed territory – with minuscule boundaries, thin and not very versatile. Like prison bars.

Sospeché *que podía empezar con los mamones recogidos en la avenida Las Delicias, esa tarde de 1995 en que esperábamos a Beatriz y mi madre me habló por primera vez de la telepatía.*

Estuvimos largo rato buscando los mejores ejemplares, que debían tener una cáscara verde y maciza. Luego entramos al Círculo Militar para arrojar algunos de ellos con la mayor fuerza posible a la laguna artificial de tortugas y caimanes. Era marrón y en ella se formaban películas tornasoladas de aceite en la superficie. Lanzamos algunos mamones sin intención de herir a los animales, mucho menos de asestarlos en la cabeza de alguien más. Pronto sentí aquel guante blanco sobre mi hombro derecho. Mi mamá pensó que nos llamarían la atención. El hombre se acarició el bigote curvo, muy parecido al de un bagre, y aquello me hizo pensar que él y todo su ser, debían estar más bien inmersos en la laguna. Habló con mucha pausa y su aliento dejaba entrever un olor a guayaba o eran quizás sus encías rosadas, sin dientes, las que me hicieron pensar en eso. Las primeras palabras no las entendí, pero luego levantó su índice, el índice que fundó todos los jardines de la ciudad de Maracay y dijo que debía dibujar las ondas que hacían las pepas de mamón al caer en la laguna. Mi madre sonrió y el Benemérito siguió su paso, jugando con el eco que producían sus botas en las caminerías techadas, muy parecidas a las del Hotel Maracay, inaugurado en 1956 con la honorable visita del presidente Kennedy, quien trajo consigo las primeras cajas de cartón repletas de pollo frito a la ciudad. Beatriz llegó en su carro plateado casi a la medianoche y lo dejó estacionado en la calle. Desde el balcón de un quinto piso pudimos ver cómo le robaban los cuatro cauchos al Mitsubishi.

I figured I could start with the mamón fruits gathered on Las Delicias Avenue, that afternoon in 1995 when we were waiting for Beatriz, and my mother spoke about telepathy for the first time.

We spent a while looking for the best specimens, the ones with an intensely green and solid shell. Then we went into the Army Club to throw some of them into the artificial lake, where turtles and caimans were kept. We did so with all our strength. The lake was deep brown, and iridescent, oily films formed on its surface. We threw the mamones – but we had no intention of hurting the animals, much less hitting someone in the head. Soon I noticed a white glove on my shoulder. My mom thought we would be reprimanded. The man stroked his curved mustache, which reminded me of a catfish – and that made me think that he, and his whole being, should have been immersed in the lake. He spoke very slowly, and his breath made me think of guava, or perhaps it was his teethless, pink gums that made me imagine it. I didn't quite get his first words, but then he raised his index finger, the index that founded all the gardens in the city of Maracay and said that I should draw the waves made by the mamón seeds when they fell into the lake. My mother smiled. The Benemérito then resumed his walk, playing with the echo his boots made in the covered walkways – so much like those of the Hotel Maracay, which was inaugurated in 1956 with the honorable visit of President Kennedy, who brought the first cardboard boxes full of fried chicken the city had ever seen. Beatriz arrived by midnight, driving in her silver car. She parked on the street. From the fifth-floor balcony we saw how the Mitsubishi's four tires were stolen.

Un antecedente penal es un antecedente penal. Las monedas avanzaban hacia el final del pozo, repitiendo con su brillo los deseos de quien las arrojó. Es obvio que ninguno se cumplió y que se apresó a quien debían y a quien no también. De hecho, solo esto último. La tarea fue muy fácil. En una calle desierta es muy sencillo reconocer a quien respira.

A criminal record is a criminal record. The coins fell to the bottom of the well, replicating in their luster the wishes of the people who threw them. It is obvious that none of those wishes was fulfilled – and that people who should and shouldn't have been were jailed. In fact, only the latter. The task turned out to be very easy. On a deserted street it is so simple to notice who is breathing.

Llegó *un animal de la calle y se instaló en el pórtico del edificio. Lo bautizaron Villano, porque solo sabía quedarse quieto. Hay que tener el alma hedionda para no hacer nada durante esos días de protestas y manifestaciones. Era un perro sospechoso, ni siquiera sacaba la lengua. Villano no sabía moverse, sino verte fijo y dar la espalda a todas las cosas. Solo una cosa lo agitaba, rompiendo el duro paréntesis de su presencia. Bastaba que una iguana bajara de un árbol para que el perro corriera al patio a tomarla por la cola y agitarla en el aire. Le divertía hacerlo.*

Cerraba su dentadura a la altura del dorso del reptil, asegurándose de que no pudiera escapar. Luego les procuraba latigazos contra la corteza de cualquier árbol del patio. Hecho esto un par de veces, y habiendo mareado a la víctima, proseguía a tomarla por el cuello y golpear el cráneo contra el tronco. Varias veces. Todas las que hicieran falta para aflojar la dentadura y procurar una confesión.

That animal came from the streets. It settled on the porch of the building. People baptized it Villain because it only knew how to stay still. You really must have had a rotten soul to do nothing during those days of protests and demonstrations. It was a suspicious dog – it didn't even stick its tongue out. Villain did not know how to move – it merely fixed its gaze on you and turned its back on all things. Only one thing made it stir, broke the harsh parenthesis of its presence. It was enough for an iguana to come down from a tree, for the dog to run into the patio, grab the reptile by the tail, and shake it in the air. Villain had fun doing so.

It locked its teeth on the reptile's back, making sure the creature couldn't escape. Then it whipped the iguana against the bark of the nearest tree in the yard. Having done this a couple of times, when the victim was dizzy, the dog then proceeded to grab the reptile by the neck and pound its skull against the trunk. Repeatedly. All the times necessary to loosen the iguana's teeth and elicit a confession.

Villano *adoraba ver a los presos escupir sus dientes. Hacía apuestas con los demás vigilantes e intercambiaba las piezas dentales por bienes como café o cigarros. Un colmillo valía media docena de tabaco rubio, por ejemplo. Villano tenía una chapa con su propio apodo en el uniforme y se refería a sí mismo en tercera persona.* Llegó Villano, mis amores, *les decía a los reos, mientras pasaba una especie de vara eléctrica por los barrotes, como las que se usan para orientar el paso del ganado.*

Villain loved watching inmates spit out their teeth. He would place bets with the other guards and exchange dental pieces for goods such as coffee or cigarettes. For instance, a fang was worth half a dozen blond cigarettes. Villain had a badge with his own nickname on his uniform and talked in the third person. *Villain has arrived, loves* – he would tell the inmates, while he touched the prison bars with a sort of electric rod, like the ones cowboys used to guide the cattle.

Hay cosas *que no se pueden tocar, como el silencio de los condenados y a su vez, el de los cómplices. El silencio de estos opera entre los ojos y algunas contracciones en la espalda.*

There are things that cannot be touched – such as the silence of the condemned and, similarly, that of the accomplices. The silence of latter operates between their eyes and some contractions in their backs.

Pensaba en alguna compañera de clase y en el relleno con mermelada de un pan artesanal que le habían traído de Trujillo. No recordaba quién le había dejado esa bolsa de cartón, con un dibujo vagamente impreso de la Virgen de la Paz. Simplemente estaba allí al final de la jornada, rodeado de folios, expedientes, fotos de posibles imputados y una lista con 22 nombres que iba tachando a la par de realizar algunas llamadas y convenir algunas transacciones. Al salir del curso, la suela de sus botines siguió el mismo camino sobre el asfalto del estacionamiento, que a esa hora solía humedecerse un poco y brillar a contraluz. A veces, clavaba sus ojos en esas piedritas mientras las acechaba con los muy poderosos faros de luz halógena que había instalado a lado y lado de su camioneta. Eran focos especiales, "para cazar conejos", decía. Le encantaba hacer esa acotación, aunque ese hombre jamás hubiera pisado el llano. Más de una vez lo vi quedarse estacionado, con esas luces encendidas a máxima potencia, encandilando todo a su alrededor. Un hombre solo, aislado de la oscuridad, pero rodeado de noche y grillos y sapos, como ha sido Caracas desde que se inventó.

He thought about some female classmate and the jam filling of an artisan bread brought from Trujillo. He did not remember who had left him that cardboard bag, with a vaguely printed drawing of the Virgin of Peace. It was simply there by the end of the day, surrounded by folders, files, photos of possible suspects, and a list with twenty-two names that he was crossing out as he made some calls and agreed to some transactions. While leaving the class, the sole of his boots followed the same path on the parking lot's pavement, which at that time usually got a little damp and shone with backlight. Sometimes he would stare at those pebbles as he stalked them with the powerful halogen headlights he had installed on his truck. Special lights, "hare-hunting lights," he declared to anyone who would listen. He loved to make that remark, even though he had never set foot on the plains. I saw him stay parked – more than once – with those lights on full power, dazzling everything around him. A man utterly alone, isolated from the dark, but surrounded by night and crickets and toads – as Caracas has been since it was invented.

Creo que se quedaba hablando por teléfono, con las manos al volante, aunque continuara estacionado. De pronto oyendo música o la radio. Adoraba utilizar su manos libres. Si uno se lo cruzaba en los pasillos, él iba con el auricular y el cable de rigor, henchido por su cuello. Era uno de esos hombres que siempre pareciera estar murmurando algo. Hasta dormido debió mantener esa apariencia. La última vez que lo vi, estábamos orinando en el baño del instituto uno al lado del otro, sin dirigirnos una sola palabra. Yo estaba concentrado en atinar con el chorro la pastilla azul del urinario, una afición que jamás he perdido. Me encantaba el premio instantáneo del olor cítrico artificial que despedía al menor contacto con mi micción. También el tono verdoso que tomaba el desagüe.

I think he was talking on the phone, his hands on the wheel, even though he was still parked. Or maybe he was listening to some music or the radio. He loved using his hands-free headset. If you ran into him in one of the hallways, you would see him wearing the obligatory headset and cable, wrapped up around his neck. He was one of those men who always seemed to be muttering something. I'm sure he permanently had that appearance, even while asleep. The last time I saw him, we were peeing side by side in the institute bathroom, not saying a word to each other. I was focused on aiming the jet at the blue cake in the urinal, a pastime that I have never lost. I loved that instant prize – the artificial citrus scent that came from the slightest contact between the block and my piss. And also, the greenish tone on the drain.

Él, claramente, hablaba por teléfono. Esta vez no murmuraba nada, sino que asentía. Ajá, ajá. *Tenía un gesto típico de hombres con bigote cuando están ansiosos: movía el labio superior, como espantando una mosca que no existe bajo su nariz. Pasé detrás de él mientras se lavaba las manos y me hizo un gesto simpático con los ojos. Los abrió mucho, enarcando las cejas. Peló los ojos, dirían en mi tierra. Él siguió secándose las manos, más de lo necesario, jugando con el poco papel reciclado disponible en el baño, siempre incómodo a la piel, muy parecido a una lija de color sepia. Mientras cruzaba el marco de la puerta, ya para llegar al descanso de las escaleras entre el piso 2 y 3 del edificio de aulas, lo escuché afirmar tranquilo, con voz chata:* sí, es que yo sé que me quieren matar.

He was clearly on the phone. This time he wasn't muttering anything – he was simply nodding. *Yeah, yeah.* He had a tic, typical of mustached men when they are anxious: he twitched his upper lip, as if to scare away a fly that doesn't exist. I walked past him while he was washing his hands and he made a sympathetic gesture with his eyes. He opened them wide, raising his eyebrows. He peeled his eyes – as people would say where I come from. He kept on drying his hands, far more than was necessary, playing with the scarce amount of recycled paper available in the bathroom – always uncomfortable on the skin, much like sepia-colored sandpaper. As I went through the door, reaching the landing of the stairs between floors two and three of the classroom building, I heard him state calmly, with a flat voice: *yeah, I know that they want to kill me, I do.*

Primero fue *esto y entonces aquello. Cada vez que abro un libro siento que una pequeña piedra se arroja a mis pies. Eso es la historia. No puedo precisar de dónde viene, solo que lo hace desde antes. La historia empieza con la escritura. El trauma y el recuerdo también. Escribe quien busca componer una serie de momentos o escenarios previos. Los jura. Algo en su cuerpo les debe.*

Algo en el nuestro les va a deber al escucharlos o leerlos. Yerro de pronto al decir que la historia empieza con la escritura, entendiéndola como el curso de un alfabeto y un código común que se verifica en un idioma, hilado en un discurso más o menos coherente. Empieza con el roce que encienden el dibujo o el jeroglífico, en abierta representación. Antes, a los faraones, en su última recámara, se los enterraba no solo con sus pertenencias, sino con el relato absoluto, de todo cuanto hubiera sucedido en el reino durante su vida. La inclinación del escriba sobre los murales durante largas sesiones de esmero hacía que se fueran de bruces, golpeándose muchas veces la mandíbula y perdiendo algunos dientes. Se "desbocaban". De allí viene el término, como bien apunté en mi tratado sobre la vida corriente en el antiguo Egipto, con particular énfasis en los mausoleos. En ese entonces, solo un hombre, criado y de estirpe heredada, recibía la instrucción para hacer constar el testimonio de actos y hechos. En esos tiempos no solo se sabía poco de lo que ocurría más allá de senderos y costas de la frontera, sino que, por tomar la costumbre de considerar el nacimiento de cada faraón como el principio de todas las épocas sabidas, se asumía su muerte como la expiración de estas.

First it was this, and then it was that. Every time I open a book, it feels like a small stone is thrown at my feet. That's what history is. I can't pinpoint where it comes from – I can only say that it has been coming for a long time. History begins with writing. Trauma and memory too. An individual that writes surely seeks to string together a series of previous moments or scenarios. He swears by them. Something in his body is indebted to them.

Something in our body will be indebted to them once we listen to or read them. Maybe I err in saying that history begins with writing – if we understand it as the course of an alphabet and a common code that is verified in a language, spun into a more or less coherent discourse. Rather, history begins with the touch that ignites a drawing or a hieroglyph, in open representation. In ancient times, pharaohs were buried in their last bedroom, not only with their belongings, but with the absolute account of everything that had happened in the kingdom during their life. The scribes' backs bent over the murals during those long sessions of careful drawing eventually caused them to fall flat on their faces, often hitting their jaws against the wall and losing a few teeth. They went "mouth first" into their craft. That is where the term comes from, as I remarked in my treatise on ordinary life in ancient Egypt, with particular emphasis on mausoleums. At that time, only a man, properly raised and coming from a noble lineage, received the education required to record the testimony of acts and facts. In those times, so little was known about what happened beyond the paths and shores of the border – but also, the custom of considering the birth of each pharaoh as the beginning of all known ages meant that the ruler's death was assumed to be the cessation of time.

Quedaba consignado dentro de las cámaras, en símbolos hechos de pigmentos extraídos del bajo Mediterráneo, no solo el inventario de pertenencias y tesoros que acompañarían el féretro y la momia por los siglos, sino la propiedad intelectual del faraón sobre el universo conocido durante su vida. Los eclipses, los sistemas de riego y construcción, las bondades de los moluscos y del cartílago de tiburón, las plantas satelitales y las plagas de implantes mamarios yacían bajo su autoría. La vida promedio del faraón se estima en unos cincuenta y siete años del calendario gregoriano, mientras que el proceso de momificación se toma poco más de dieciséis minutos, lo mismo que, según la inclinación de la tierra, tarda el sol en alzarse sobre el horizonte. Por eso cada muerte es la muerte de un expediente y cada nacimiento el inicio de una larga cobertura.

Del escriba y sus sucesores se podría desarrollar un tratado complejo, ya que su selección era todavía más excéntrica. Queda decir que, terminadas las sesiones de recuento en las paredes triangulares del mausoleo, solo al escriba se permitía abandonar el recinto. La servidumbre, que junto a joyas y reliquias contaba como acervo, quedaba abastecida de cestas con pan y miel, que irían dando paso a una jauría de hambrientos, posteriores inanes, cuyo destino era agonizar y morir junto al mandatario que tuvieron por gloria servir. Queda suficientemente claro que eran innumerables las riquezas que el escriba conseguía hacerse luego de poner punto final a su obra. No fueron pocas las veces que escogería a algunos esclavos como botín. Así nació el privilegio del escriba en el reino. La figura de alguien que roba y salva, mientras deja a su paso lo que llamaremos historia nacional. Un individuo cuyo enorme concurso de inutilidades solo cobra forma al perpetuar la memoria de alguien más, o, en su defecto, alterarla con total impunidad. La historia la escriben los ganadores y todos los ganadores están muertos.

Not only the inventory of belongings and treasures that would go with the sarcophagus and the mummy for centuries, but also the pharaoh's intellectual ownership of the known universe during his lifetime, was consigned within the funeral chambers. The symbols were made with pigments extracted from the lower Mediterranean. Eclipses, irrigation, and construction systems, the benefits brought by the consumption of mollusks and shark cartilage, satellite plants and mammary implant plagues would all lay under his authorship. The average life of the pharaoh is estimated at about fifty-seven years of the Gregorian calendar, while the mummification process takes just over sixteen minutes – more or less what the sun takes to rise above the horizon, depending on the tilt of the earth. That is why each death is the death of a record, and each birth the beginning of a prolonged coverage.

The scribe and his successors could well be the subjects of a complex treatise, since their selection was even more eccentric. It remains to say that, once the recounting sessions were over, only the scribe was allowed to leave the triangular walls of the mausoleum. The servants, who along with jewels and relics counted as part of the ruler's estate, were supplied with basketfuls of bread and honey – and sooner rather than later, they would turn into a pack of hungry people, later inane, whose fate was to agonize and die next to the pharaoh they had the honor of serving. It is abundantly clear that the scribe managed to amass innumerable riches after finishing his work. More than once it was known that the scribe chose some slaves as loot. Thus begun the privilege of the scribe in the kingdom. The figure of someone who steals and saves, as he leaves behind what we could call national history. An individual whose enormous array of useless talents only matters when it comes to perpetuating someone else's memory – or, in the absence of that, altering it with complete impunity. History is written by the winners, and all winners are dead.

En mi *ciudad hay una monja dormida con una flor fresca en el pecho. Su relato es el de una niña que murió virgen y comió solo una cucharada de arroz virgen durante toda su vida. La beata Laura Evangelina es un papiro expuesto en una urna de cristal que permite detallar el perfil de su carne. Nació y creció en Choroní, un pueblo vecino a Ocumare y a la ciudad de Maracay, donde hoy reposan sus restos. El Papa la encontró incorrupta al descubrir su primer féretro y nada puede explicarlo hasta el sol de hoy. Eso casi la hizo santa. La rosa con la que fue enterrada se conserva roja entre sus manos intactas y toda la fotografía es considerada un milagro para la ciencia y la religión. En un principio se dijo que se trataba de una piel sin hongos, como un muro recién levantado, pleno de cal para el cielo. Sin embargo, la suya es una piel repleta de hongos que finalmente la mantienen entera, como las manchas de un mapa que se convierten en regiones, o la sangre que seca, deja de trepar en espiral hacia la cabeza.*

There is a sleeping nun in my city, with a fresh flower on her chest. Her story is that of a girl who died a virgin, and only ate a tablespoon of virgin rice throughout her entire life. The beatified Laura Evangelina is a papyrus exhibited in a glass case, which allows us to observe in detail the profile of her flesh. She was born and raised in Choroní, a town near Ocumare and the city of Maracay, where her remains are presently housed. The Pope found her incorrupt upon exhuming her first coffin, and nothing can explain it to this day. That almost made her a saint. The rose she was buried with is still red – clasped by her unbroken hands – and the whole photograph of her is considered a miracle by science and religion alike. It was said at first that hers was a skin devoid of fungi, like a wall freshly built, full of lime for the sky. However, her skin is full of fungi – they are the ones that finally keep her intact, like the spots on a map that become regions – or the blood that, once dried up, stops climbing in spirals towards the head.

INDEX

A map for loss   3

Toda verdad vigente está inconclusa   10
Every prevailing truth is still unfinished   11
Sorprende constatar que el césped no ha crecido   12
It is surprising to confirm that the grass   13
Yo conocí a Socony, sumamente pálida   14
When I met Socony she was already pale   15
Hablo de una ciénaga pastosa. Donde brotó   16
I'm talking about a thick swamp. Where it sprung   17
Llevé a mis hijos a conocer el sitio   18
I took my children to see the site   19
Apenas llegamos a la planicie   20
As soon as we reached the plains   21
Esos son los muertos, dicen por ahí   22
Those are dead men. That's what they say   23
Calculo que mi hijo menor hizo más de   24
I think that my youngest son made more   25
La espiral es la forma de la vida   26
The spiral is the shape of life   27
La prehistoria no existe a excepción de los dinosaurios   28
Prehistory doesn't exist, save for dinosaurs   29
De todas las mujeres que tuvo, Dolores Amelia   30
Of all the women in his life, Dolores Amelia   31
La confusión se corrige siempre al despertar   32
Confusion is always corrected upon awakening   33

Sorprendió advertirlo. Una zanja del tamaño 34

It was surprisig to notice it. We could 35

Mene era nieta de algunos de los primeros 36

Mene was the granddaughter of some of the first 37

La onda expansiva se sintió como si un animal 38

The shock wave felt as if a free, stray animal 39

Después de todas las batallas siempre llueve 40

It always rains after the battles 41

Hay un hecho evidente y es que los miembros 42

There is an obvious fact – the members 43

Para los que sobrevivieron, visitar ese recuerdo 44

For the survivors, visiting that memory feels like 45

El puerto de Turiamo se llamó por mucho 46

For a long time the port of Turiamo was known 47

Solo podemos ocultar lo que nuestro rostro 48

We can only conceal what our face is capable 49

Me preguntas con énfasis por el registro 50

You emphatically ask me about the record 51

Los entendidos tardaron en ver el cadáver 52

It took the authorities time to see the corpse 53

La niña llegó orinándose a la cocina 54

The girl reached the kitchen pissing herself 55

Al final de la avenida crece un árbol de hierro 58

At the end of the avenue grows a tree made of iron 59

Dijo que olvidaran las frutas y los manantiales 60

He said: forget the fruits and the springs 61

Todo en este libro es un invento 62

Everything in this book is fabrication 63

Es por culpa de los hombres y especialmente 64

Men were to blame – and especially 65

Su papá la dejaba ver el noticiero mientras 66

Her dad allowed her to watch the news while 67

Turiamo era un pueblo fundado por una tropa 68

Turiamo was a town founded by a troop 69

Todas las estructuras que había 70

All the structures the town contained 71

El pez saltó de la pecera y cayó 72

The fish jumped out of the fish tank and fell 73

Un día es una cosa incomprensible 74

A single day is just an incomprehensible thing 75

El edificio cincuentenario fue inaugurado 76
The Quinquagenary Building was inaugurated 77
Fue en esos mismos metros cuadrados 78
It was in those very same square meters 79
Son salvajes en este país. Los únicos 82
People are wild in this country. They are 83
Diógenes se fue apagando lentamente, pero alcanzó 84
Diógenes faded away slowly, but he learned 85
Ocumare es un pueblo de unos dos mil habitantes 86
Ocumare is a town of about two thousand inhabitants 87
Algunos edificios han cambiado y otros no tanto 90
Some buildings have changed, and others not 91
Sabes muy bien que la piel de la piedra 94
You know full well that the stone's skin 95
¿Sabíamos acaso nosotros al llegar 96
Did we know back then, when we arrived 97
Un país fingiendo un país 98
A country pretending to be a country 99
Maximiliano era un tipo con una fortuna enorme 100
Maximiliano had a huge fortune 101
Esa noche todos se prepararon para una invasión 102
That night everyone was prepared for an invasion 103
Dibujó esta ciudad como una zona en reclamación 104
He drew this city as a disputed territory 105
Sospeché que podía empezar con los mamones 106
I figured I could start with the mamón fruits 107
Un antecedente penal es un antecedente penal 108
A criminal record is a criminal record 109
Llegó un animal de la calle y se instaló 110
That animal came from the streets 111
Villano adoraba ver a los presos escupir sus dientes 112
Villain loved watching inmates spit out their teeth 113
Hay cosas que no se pueden tocar 114
There are things that cannot be touched 115
Pensaba en alguna compañera de clase 116
He thought about some female classmate 117
Creo que se quedaba hablando por teléfono 118
I think he was talking on the phone 119
Él, claramente, hablaba por teléfono. Esta vez no 120
He was clearly on the phone. This time he wasn't 121

Primero fue esto y entonces aquello. Cada vez   122

First it was this, and then it was that. Every time   123

Quedaba consignado dentro de las cámaras, en símbolos   124

Not only the inventory of belongings and treasures   125

En mi ciudad hay una monja dormida   126

There is a sleeping nun in my city   127

A

ROCA TARPEYA | JUAN LUIS LANDAETA

Made in Miami Beach ~ Printing as needed

◊◊◊

2024